MES PRODUITS DE BEAUTÉ

De la même auteure

Je fais tout moi-même ! Mes produits ménagers, 2021.

Avertissement

Tous les conseils d'utilisation présents dans ce livre ont un but informatif.
Parmi les ingrédients utilisés ici, vous trouverez des huiles essentielles. Leur utilisation ou leur manipulation nécessite certaines précautions, car ce sont des substances naturelles concentrant au plus haut niveau les qualités biochimiques et énergétiques des plantes dont elles sont extraites. Elles sont, par conséquent, très actives et loin d'être inoffensives. Nous vous recommandons les huiles essentielles bio chémotypées (avec la mention HECT suivie du nom latin de la plante.
Il est important de :

- tenir les huiles essentielles hors de portée des enfants ;
- toujours les diluer dans une huile végétale ou une base neutre avant usage ;
- toujours faire un test pour éviter toute réaction allergique : déposez 2 gouttes de l'huile essentielle au niveau du pli du coude et attendez 15 minutes ; si une rougeur apparaît, évitez d'utiliser cette huile ;
- ne pas appliquer d'huile essentielle sur les muqueuses, les yeux, les oreilles, le nez ou les parties génitales ;
- toujours se laver les mains au savon après avoir touché une huile essentielle.

Il est indispensable de demander conseil à un spécialiste pour une utilisation pendant la grossesse, chez les enfants, lors du suivi d'un traitement médical au long cours.

L'auteure et l'éditeur déclinent toute responsabilité des risques encourus quant à l'utilisation des produits mentionnés dans ce livre.

Retrouvez Inès Moreau

sur www.lespetitsgestes.fr

et suivez-la sur Instagram @lespetitsgestes.

Santé, bien-être, vie quotidienne, cuisine, parentalité, psychologie, développement personnel, nature, loisirs et plus encore...

Suivez-nous sur Instagram :

@albinmichel_et_moi

JE FAIS TOUT MOI-MÊME !

Inès Moreau

MES PRODUITS DE BEAUTÉ

50 recettes

Illustrations de Claire Morel Fatio

Albin Michel

SOMMAIRE

AVANT DE COMMENCER 6

LES PRODUITS DE BASE 12

LE VISAGE 24

LES CHEVEUX 52

LE CORPS 86

L'HYGIÈNE 104

LE MAQUILLAGE 116

MASCULIN/FÉMININ 130

SITES ET MARQUES DE CONFIANCE 140

AVANT DE COMMENCER

POURQUOI CHANGER SES HABITUDES ?

Nous ne faisons presque plus rien par nous-mêmes. L'humain est devenu un acheteur, un consommateur et ce mode de vie nous éloigne de notre nature même. Mais nous sommes des êtres dotés de raison et nous pouvons réfléchir, faire et agir !

En priorité il nous faut agir pour notre propre survie et pour la survie de la planète. Nous savons maintenant que la situation est critique, que les conséquences du réchauffement climatique sont de plus en plus lourdes pour les êtres vivants et que l'activité humaine en est responsable.
Il faut donc agir pour préserver les ressources de la Terre et réduire notre impact environnemental.
Les formes d'actions peuvent prendre diverses formes mais, au niveau individuel, nous devrions adopter un mode de vie plus responsable, notamment en réduisant nos déchets.
En effet, le meilleur des déchets est celui que l'on ne produit pas !

COMMENT SE LANCER ?

Changer ses habitudes n'est pas si difficile. Le plus compliqué, c'est de se lancer !

Et si on le prenait comme un jeu ? Le but n'est pas de se contraindre dans son quotidien mais de réfléchir à ce qui pourrait être fait différemment… Et, la plupart du temps, il s'agit de gestes simples, ludiques et même très agréables !

Il ne faut pas voir l'écologie comme une contrainte mais plutôt comme un art de vivre. Adopter un mode de vie écologique peut être source de plaisir. Tout comme on peut prend plaisir à passer un dimanche après-midi derrière les fourneaux à cuisiner un bon gâteau au chocolat, fabriquer ses propres cosmétiques est une activité fun, intéressante et bénéfique.

C'est dans cette optique que j'ai créé, en 2018, le compte Instagram Les Petits Gestes, proposant des recettes et des comportements alternatifs pour un quotidien plus sain et plus éco-responsable. Je me suis vite rendu compte qu'une des façons concrètes et impactantes d'agir était tout simplement de fabriquer les choses soi-même plutôt que de les acheter.

Je ne suis pas une spécialiste des cosmétiques ni une experte en zéro déchet, mais mes recherches et mes expériences m'ont permis de construire ce carnet de recettes.

Consommer moins mais consommer mieux en choisissant des produits naturels, bruts, locaux, voici à quoi je vous invite à travers ce livre. En fabriquant vos produits cosmétiques vous-même, vous participerez à la protection de l'environnement, vous économiserez de l'argent et vous prendrez soin de votre santé !

ZÉRO TOXIQUE DANS MES COSMÉTIQUES !

Savez-vous que 40 % des cosmétiques industriels contiennent au moins un perturbateur endocrinien ? Et que de nombreux produits de soin ont une composition qui est soit ouvertement toxique (ingrédients cancérigènes, irritants, néfastes...) soit dissimulée sous des formules caractéristiques du greenwashing ?

Avec des produits naturels et sains, vous prendrez soin de vous et maîtriserez chaque ingrédient de vos cosmétiques faits maison.
En outre, vous contribuerez à la protection de l'environnement, en limitant l'utilisation de toxiques et en réduisant les déchets. Tout en réalisant d'importantes économies : adieu emballages, marketing et les marges exorbitantes des industriels !
Je vous propose des cosmétiques rien que pour vous. En effet, en confectionnant vos produits, vous apprendrez à mieux vous connaître – Quel est mon type de peau ? De quel soin ont besoin mes cheveux ? – et vous pourrez aussi personnaliser vos cosmétiques en fonction de vos envies et vos besoins du moment.
Cibler les produits qui vous sont vraiment utiles vous évitera de surconsommer.
Les ingrédients de nombreuses de mes recettes sont tout simplement dans votre cuisine ou issus d'aliments récupérés.
Alors, êtes-vous prêt(e) à vous lancer et à faire tout vous-même ?

LES RECETTES

Conseils avant de commencer :

➡ Pour la fabrication des recettes qui vont suivre, il est important de respecter des conditions d'hygiène optimales. C'est pourquoi je vous recommande de désinfecter votre matériel (contenants, ustensiles...) à l'alcool à 70° avant chaque préparation et de bien vous laver les mains.
➡ Vous pourrez ensuite conserver vos produits faits maison dans un endroit frais et à l'abri de la lumière pour préserver leur efficacité le plus longtemps possible.

Vous vous rendrez compte rapidement que mes recettes nécessitent très souvent les mêmes ingrédients de base. Ces produits indispensables sont vendus en magasins bio, magasins de bricolage, herboristeries ou bien en ligne, vous n'aurez donc aucun problème à les trouver ! (Voir Sites, p. 140.)

ASTUCE

**Vous pourrez reconnaître des produits qui ne sont plus bons à un changement de couleur ou changement d'odeur.
Dans ces cas-là, ne les utilisez plus !**

GESTE ÉCOLO

Si vous souhaitez vous débarrasser de vos produits d'hygiène (savon, dentifrice, shampoing, protections hygiéniques...), sachez qu'il existe des associations comme Bulles solidaires ou Féminité Sans abri qui récupèrent vos produits neufs non périmés pour les distribuer aux personnes les plus démunies.

LES PRODUITS DE BASE

LES HUILES VÉGÉTALES

Naturelles, elles nourrissent la peau mais également les cheveux ! Très riches en acides gras, elles ont de multiples bienfaits : elles protègent la peau, l'assouplissent, la régénèrent et l'apaisent. Dans un soin capillaire maison, l'huile végétale peut remplacer les silicones des shampoings du commerce. Elle gaine les cheveux tout en les rendant plus brillants.

Les huiles végétales font partie intégrante de mes routines beauté, dont l'entretien de mes cheveux.
Vous pouvez associer plusieurs huiles végétales pour combiner différentes propriétés et personnaliser ainsi vos produits cosmétiques.

MISE EN GARDE

Les huiles végétales ne doivent pas être appliquées juste avant une exposition au soleil ! En effet, certaines huiles augmentent la sensibilité aux rayons du soleil.

BIEN CHOISIR SES HUILES VÉGÉTALES

Les huiles végétales ne doivent pas être appliquées juste avant une exposition au soleil ! En effet, certaines huiles augmentent la sensibilité aux rayons du soleil.
Le tableau ci-contre vous présente les huiles les plus utilisées dans mes recettes en fonction de votre type de cheveux et de votre type de peau. Référez-vous à cette page pour bien faire votre choix !

HUILE VÉGÉTALE	TYPE DE CHEVEUX	TYPE DE PEAU
Brocoli *Brassica oleracea italica*	Cheveux secs, ternes, emmêlés	Peau sèche ou irritée
Coco *Cocos nucifera*	Cheveux bouclés, frisés ou avec poux	Peau normale ou sèche
Jojoba *Simmondsia chinensis*	Cheveux aux pointes sèches et aux racines grasses	Peau grasse, acnéique ou avec des cicatrices
Avocat *Persea gratissima*	Cheveux ternes	Peaux ridée ou sèche
Ricin *Ricinus communis*	Cheveux secs, pointes abîmées ou chute de cheveux secs	Peau sèche, avec des cicatrices ou ridée
Nigelle *Nigella sativa*	Cheveux gras, avec pellicules, cheveux blancs, ou avec poux	Peau grasse ou acnéique
Amande douce *Prunus dulcis*	Cheveux frisés, colorés ou avec pellicules	Peau très sèche, sensible, ou peau de bébé
Noisette *Corylus avellana*	Cheveux gras ou avec pellicules	Peau grasse ou acnéique

LES HUILES ESSENTIELLES

Les huiles essentielles sont des extraits de plantes obtenues par distillation. Elles présentent de nombreuses propriétés et des bienfaits pour notre santé, notre beauté et notre bien-être. Connues depuis des millénaires, elles peuvent être utilisées par voie cutanée ou par voie orale pour soigner des maux pathologiques ou psycho-émotionnels.

Le corps s'habitue à leurs bienfaits, il ne faut pas les utiliser sur la durée. Pensez à varier vos huiles essentielles ou à faire des arrêts d'une semaine toutes les trois semaines.

Mise en garde

Les huiles essentielles étant très concentrées, il est important de suivre le dosage indiqué et les précautions d'emploi.
Certaines huiles essentielles sont déconseillées aux femmes enceintes ou allaitantes, aux enfants et aux personnes sous traitement ; il convient de se renseigner au préalable.

Vous trouverez ci-contre un tableau récapitulatif des huiles essentielles les plus utilisées dans mes recettes cosmétiques ainsi que leurs différents usages selon votre type de cheveux ou type de peau.

HUILE ESSENTIELLE	TYPE DE CHEVEUX	TYPE DE PEAU
Citron *Citrus limonum*	Racines grasses et pointes sèches	Peau grasse
Tea tree *Melaleuca alternifolia*	Cheveux avec pellicules	Peau acnéique
Lemongrass *Cymbopogon flexuosus*	Cheveux cassants, ternes et sans volume	Peau grasse et acnéique
Lavande aspic *Lavandula latifolia*	Cheveux avec pellicules	Peau sensible ou irritée
Sauge sclarée *Salvia sclarea*	Cheveux gras ou chute de cheveux	Peau grasse, ou qui transpire beaucoup
Ylang-ylang *Cananga odorata*	Cheveux secs	Peau mature
Camomille romaine *Chamaemelum nobile*	Cheveux blonds	Peau avec démangeaisons ou allergies
Géranium rosat *Pelargonium asperum*	Cheveux secs	Peau sèche

BIEN CHOISIR SES HUILES ESSENTIELLES

Privilégiez les huiles bio, non diluées.
Le label qualité Ecocert garantit une huile sans pesticides.
Certaines huiles essentielles exotiques contribuent à la déforestation (bois de rose, bois de Hô…) : je vous recommande donc de choisir de préférence des huiles locales issues de l'agriculture biologique ou du commerce équitable.

LES POUDRES DE PLANTES

Connaissez-vous les poudres ayurvédiques, trésors de la nature ? Tout droit venues d'Inde, elles sont utilisées en ayurvéda, qui est à la fois une médecine traditionnelle, une philosophie et un art de vivre, pratiqué depuis des millénaires.

Il existe une grande diversité de poudres de plantes. Certaines sont dites « lavantes » - elles contiennent naturellement des saponines -, d'autres sont dites « de soin ».

DE QUOI SONT-ELLES CONSTITUÉES ?

- De plantes poussant en Inde, séchées et broyées en poudre fine.

À QUOI RESSEMBLENT-ELLES ?

- À des poudres fines, de couleurs et d'odeurs variées.

QUELS SONT LEURS POUVOIRS ?

- Apporter volume et brillance aux cheveux, stimuler la pousse ou encore apaiser le cuir chevelu.

BIEN CHOISIR SES POUDRES DE PLANTES

Privilégiez les poudres issues de la culture biologique. Vous en trouverez en magasin bio, en herboristerie ou en ligne.

COMMENT LES UTILISER ?

- Ces poudres de plantes naturellement lavantes et embellissantes peuvent s'utiliser seules ou en synergie avec une autre poudre, avec des huiles essentielles ou encore avec des huiles végétales pour en multiplier les vertus. Elles offrent de nombreux bienfaits aux cheveux (en shampoing, en masque ou en macérat huileux) ou à la peau (en masque ou en cataplasme).

QUELLES SONT LES PRÉCAUTIONS À PRENDRE ?

- Comme elles sont très concentrées, il est préférable d'éviter un contact avec les yeux. Si c'est le cas, rincez à l'eau claire. Tenez-les hors de la portée des enfants.

POUDRES DE PLANTES AYURVÉDIQUES	PROPRIÉTÉS
Poudres lavantes	
Shikakaï *Acacia comcinna*	Nettoie, démêle et apporte force et brillance aux cheveux.
Sidr *Zizyphus jujuba*	Lave, donne du volume, soulage le cuir chevelu et permet de fixer la couleur des cheveux colorés.
Poudres de soin	
Guimauve *Althaea officinalis*	Adoucit et facilite le démêlage. Idéale pour les cuirs chevelus sensibles.
Amla *Emblica officinalis*	Embellit et fortifie. Idéale pour prévenir les chutes de cheveux.
Bhringaraj *Eclipta alba*	Fortifie les cheveux. Idéale pour les cheveux fatigués.

LES HYDROLATS

L'hydrolat est l'eau aromatique obtenue en fin de distillation des plantes. C'est donc eau chargée en actifs de plantes. Lorsqu'il est issu de fleurs, on parle alors d'eau florale.

Moins concentrés que les huiles essentielles, ils représentent une alternative plus douce et ne nécessitent aucune précaution d'emploi. Je vous recommande des hydrolats bio, non dilués et sans ajout de parfum. Choisissez-les selon votre type de peau ou de cheveux.

HYDROLAT	TYPE DE CHEVEUX	TYPE DE PEAU
Lavande fine *Lavandula angustifolia*	Cuir chevelu gras ou irrité	Peau sensible, à tendance grasse et acnéique
Rose de Damas *Rosa damascena*	Cuir chevelu gras ou irrité	Peau mature ou sujette aux rougeurs
Fleur d'oranger *Citrus aurantium flower*	Cuir chevelu gras ou irrité	Peau normale ou terne
Sauge officinale *Salvia officinalis*	Cheveux ternes et fatigués	Peau grasse ou acnéique
Tea tree *Melaleuca alternifolia*	Cheveux ternes ou avec pellicules	Peau acnéique ou terne
Citron *Citrus limonum*	Cheveux ternes et fatigués	Peau acnéique ou avec des taches
Romarin à verbénone *Rosmarinus officinalis CT verbenone*	Cheveux avec pellicules ou chute de cheveux	Peau grasse ou acnéique

L'ARGILE

DE QUOI EST-ELLE CONSTITUÉE ?

➧ Issue de roches sédimentaires, elle est naturellement très riche en sels minéraux et oligo-éléments : magnésium, calcium, fer, zinc...

À QUOI RESSEMBLE-T-ELLE ?

- ➧ Il en existe de plusieurs couleurs : blanche, verte, rouge, jaune, violette... Nous utiliserons surtout la blanche et la verte.
- ➧ L'argile blanche, aussi appelée « kaolin », est très douce. Elle est parfaite pour les peaux sèches et fragiles.
- ➧ L'argile verte, plus active, convient mieux aux peaux à tendance grasse et acnéique.

QUELS SONT SES POUVOIRS ?

- ➧ L'argile est utilisée depuis des millénaires pour ses propriétés absorbantes, nettoyantes, purifiantes, réparatrices ou encore anti-inflammatoires.
- ➧ Ses propriétés matifiantes et cicatrisantes sont idéales pour sécher les boutons, pour lutter contre les cheveux gras ou pelliculaires et favoriser l'élimination des toxines.

POUR QUELLES UTILISATIONS ?

- ➧ Masque pour le visage pour peaux grasses et acnéiques (voir p. 32 et 36)
- ➧ Soin pour cheveux gras (voir p. 72)
- ➧ Savon purifiant (voir p. 112)
- ➧ Soin antipelliculaire (voir p. 80)
- ➧ Dentifrice en poudre (voir p. 108)

OÙ L'ACHETER ?

➧ L'argile s'achète en grandes surfaces (dans les rayons cosmétiques) ou en magasins bio. Privilégiez l'origine 100 % française pour soutenir l'économie locale et responsable.

L'ALOE VERA

Véritable trésor de la nature, l'aloe vera, utilisé depuis l'Antiquité, regorge de bienfaits. Que ce soit en usage interne ou externe, il a de très nombreuses vertus. Il contient des vitamines, des minéraux, des oligo-éléments et autres acides aminés aux propriétés remarquables !

Originaire d'Afrique du Sud, l'aloe vera est aujourd'hui cultivé un peu partout dans le monde. Savez-vous que les Mayas surnommaient cette plante « source de jeunesse » ?

DE QUOI EST-IL CONSTITUÉ ?

➜ Extrait de la feuille d'aloe vera, le gel – ou la pulpe – est composé à 98 % d'eau et à 2 % de principes actifs. Dans ces seuls 2 % résident plus de 200 substances extrêmement nutritionnelles.

À QUOI RESSEMBLE-T-IL ?

➜ Le gel d'aloe vera que l'on utilise en cosmétique est incolore.

ASTUCE DOUCEUR

En appliquant l'aloe vera, vous pouvez ressentir un petit tiraillement sur la peau lorsqu'il sèche mais celui-ci s'estompera rapidement. Si toutefois, cette sensation vous dérange, n'hésitez pas à ajouter quelques gouttes d'huile végétale (voir p. 15) afin de le diluer.

QUELS SONT SES POUVOIRS ?

➜ L'aloe vera est hydratant, apaisant et purifiant.

POUR QUELLES UTILISATIONS ?

- Hydrater la peau et les cheveux
- Soulager les coups de soleil
- Apaiser l'eczéma et les irritations de la peau
- Soin anti-âge grâce à son effet tenseur et atténuant les taches
- Gel fixant pour les cheveux (voir p. 82)
- Gel apaisant après rasage

COMMENT S'EN PROCURER ?

- Vous pouvez l'acheter soit en gel, soit en branche, en magasins bio ou bien en plante en pot chez votre fleuriste. Préférez le bio et pensez à l'acheter en grande quantité pour limiter le nombre d'emballages.
- Son jus, à choisir bio, contient des vitamines et minéraux qui stimulent nos défenses immunitaires et luttent contre le vieillissement prématuré de nos cellules.

COMMENT EXTRAIRE LE GEL DE L'ALOE VERA ?

- Choisissez une feuille sur le bord extérieur (ce sont les plus vieilles et les plus riches en gel) en vous assurant que la plante est mûre c'est-à-dire que ses feuilles extérieures font au moins 20 cm de long. Coupez la feuille choisie au niveau du pied.
- Posez la feuille à la verticale dans un bol pour laisser la résine jaune s'écouler. Attention ! Celle-ci a des propriétés laxatives et irritantes donc évitez de la toucher et ne la conservez pas.
- Entaillez ensuite la feuille en deux dans le sens de la longueur.
- À l'aide d'une cuillère, raclez le gel translucide qui sort de l'entaille et déposez-le dans un bocal propre stérilisé.
- Le gel se conserve au frais pendant 1 ou 2 semaines. Attention ! S'il change de couleur, c'est qu'il n'est plus bon.

LE VISAGE

LA PEAU,
UNE BARRIÈRE NATURELLE

Notre peau est une barrière naturelle qui protège notre organisme des agressions extérieures. Pour garantir l'efficacité de cette barrière, il est important de la protéger et ne pas la laisser se déshydrater, perdre de sa vitalité ou encore se faire attaquer par les rayons du soleil.

L'inconvénient des cosmétiques industriels – outre le fait que leurs emballages génèrent des montagnes de déchets – n'est autre que leurs ingrédients ne sont pas toujours irréprochables : bien souvent ils sont dangereux pour notre santé et fragilisent le rôle protecteur de notre peau. En effet, selon le rapport de l'Agence européenne des produits chimiques (ECHA, European Chemical Agency), un produit de beauté sur quatre contient des substances néfastes.
Bonne nouvelle ! Il existe de nombreuses alternatives naturelles pour tout faire soi-même !
Prendre soin de soi naturellement, avec des produits très simples, que nous avons généralement tous chez nous, dans notre cuisine, c'est possible et tellement agréable !
Et parce que toutes les peaux sont différentes, il est préférable d'utiliser les ingrédients naturels les mieux adaptés à votre peau !

ASTUCE BIEN-ÊTRE

Notre peau est le reflet de notre bien-être. Prendre soin de sa peau implique également une bonne hygiène de vie, une alimentation saine, une activité sportive régulière et une hydratation suffisante (en buvant au moins 1,5 litre d'eau par jour) !

COTONS À DÉMAQUILLER LAVABLES

Si vous n'en avez jamais entendu parler, il s'agit de disques ou de carrés double face qui se lavent en machine !

Pour des disques à démaquiller : posez la tasse sur l'envers du tissu absorbant et marquez-en le pourtour à l'aide d'un crayon. Faites de même sur les chutes de tissu.

Si vous préférez des carrés à démaquiller, à l'aide d'une règle et d'un crayon, tracez des carrés de 15 x 15 cm.

Découpez les tissus.

Assemblez deux par deux un morceau de tissu absorbant et un morceau de tissu en coton, endroit contre endroit. Épinglez-les ensemble, à 1 cm du bord, puis cousez-les. N'oubliez pas de laisser une ouverture de 3 cm (pour pouvoir les retourner).

Retournez-les pour avoir le tissu de votre disque (ou de votre carré) lavable sur l'endroit et faites de nouveau quelques points de couture pour le fermer.

Et voilà : votre premier coton à démaquiller est prêt ! Renouvelez l'opération pour réaliser d'autres cotons.

? À SAVOIR

- En moyenne, chaque personne utilise entre 720 et 2 100 cotons jetables par an ;
- La culture du coton est l'une des plus polluantes et consommatrices d'eau au monde, sans compter le coût environnemental du transport, de l'emballage et de son blanchiment au chlore.

IL VOUS FAUT

du tissu absorbant
type micro éponge, molleton
ou une ancienne serviette de bain

des chutes de tissu
en coton

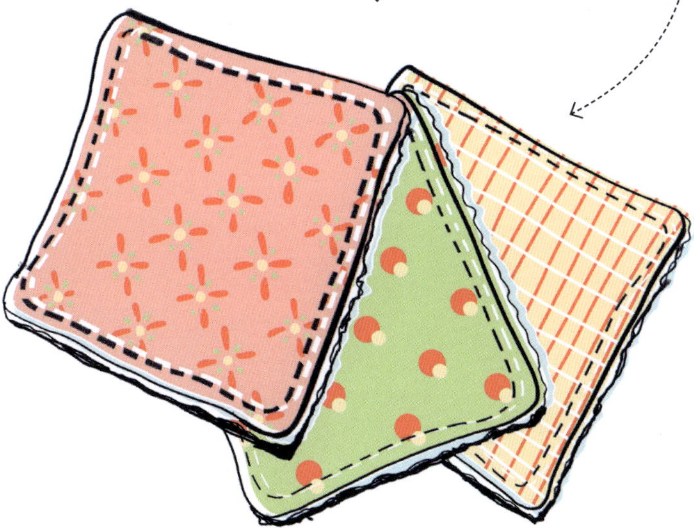

du fil et une aiguille
ou une machine
à coudre

+

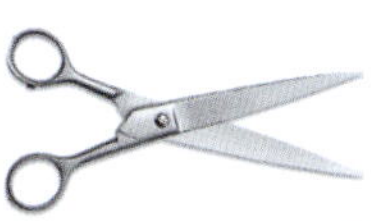

une paire
de ciseaux

+

un crayon

+

quelques
épingles

+

une règle
ou une tasse pour
dessiner le patron

GOMMAGE MINUTE

Le gommage est un soin réalisé en massant la peau avec des ingrédients exfoliants. Il permet d'éliminer les cellules mortes et donc de stimuler la croissance de nouvelles cellules. Le grain de peau est affiné et retrouve son éclat !

Ce gommage minute est doux et convient à tous les types de peau. Il est idéal pour retrouver une peau douce et un teint clair !

Dans un bol, mélangez tous les ingrédients de façon homogène à l'aide d'une cuillère.

Nettoyez et humidifiez votre visage.

Appliquez le gommage et massez de manière circulaire pendant 5 min.

Puis rincez à l'eau tiède.

ATTENTION !

N'appliquez pas de gommage plus de 2 fois par semaine (1 fois toutes les 2 semaines pour les peaux sensibles), cela pourrait agresser votre peau, qui produira du sébum en excès pour se défendre.

IL VOUS FAUT

1 cuil. à café de miel
Hydrate

1 cuil. à café
de sucre roux
Exfolie naturellement

1 cuil. à café
d'huile végétale
(jojoba, nigelle,
coco…, voir p. 15)
Apaise et nourrit

une cuillère + un bol

MASQUE MINUTE POUR PEAU ACNÉIQUE

Un masque est un soin de la peau qui se présente généralement sous la forme d'une crème à laisser sécher sur le visage quelques minutes. Il faut répondre à un besoin particulier de votre peau à un moment donné.

Un masque s'applique une fois par semaine sur une peau nettoyée et séchée, en complément de votre routine de soin de base (nettoyage, hydratation...).

Ce masque minute est un soin en profondeur destiné aux peaux à tendance acnéique. Il permet de lutter naturellement contre les boutons d'acné et redonne de l'éclat visage !

Dans un petit bol, versez le miel, le curcuma et la cannelle. Mélangez bien puis appliquez sur les zones acnéiques du visage.

Laissez poser 20 min avant de rincer à l'eau claire.

ATTENTION !

La cannelle peut être légèrement agressive pour la peau. Si vous avez la peau sensible, n'en ajoutez pas dans cette recette ou bien faites au préalable un test à l'intérieur du bras avant de l'utiliser.

IL VOUS FAUT

1/2 cuil. à café
de curcuma en poudre
Soigne les boutons
et égalise le teint

1 cuil. à café de miel
liquide bio
Hydrate

1/2 cuil. à café
de cannelle en poudre
(facultatif)
Raffermit la peau
et resserre les pores

une cuillère + un bol

MASQUE MINUTE POUR RESSERRER LES PORES

Notre peau produit parfois du sébum en excès. Celui-ci peut avoir tendance à remplir nos pores et à s'oxyder en devenant noir au contact de l'air. Ces bouchons de sébum créent des points noirs qui peuvent parfois devenir des boutons.

Ce masque minute resserre les pores de la peau pour ainsi prévenir l'apparition des points noirs.

Dans un bol, mélangez le blanc d'œuf et la farine jusqu'à l'obtention d'un mélange homogène.

Appliquez sur le visage.

Laissez poser 20 min puis rincez à l'eau chaude ou à l'aide d'un coton à démaquiller lavalable (voir p. 28).

ASTUCE

Le mélange peut avoir tendance à être un peu trop liquide, selon le calibre des œufs utilisés. Si c'est le cas, n'hésitez pas à ajouter un peu de farine afin de l'épaissir.

IL VOUS FAUT

2 cuil. à café de farine
Absorbe l'excès de sébum

1 blanc d'œuf
Resserre les pores

une cuillère + un bol

MASQUE MINUTE POUR PEAU GRASSE

Une peau grasse a un aspect luisant et des pores dilatés à cause d'une production excessive de sébum. Cet excès peut être expliqué par un dérèglement hormonal, une mauvaise alimentation, le tabac, du stress ou encore des agressions extérieures (pollution…).

Avec ce masque naturel, *exit* les toxines et les impuretés qui produisent du sébum en excès et obstruent vos pores !

Dans un bol, mélangez à l'aide d'une cuillère l'argile verte avec l'huile végétale et l'eau.

Appliquez le mélange sur le visage et laissez poser 10 min.

Rincez ensuite à l'eau tiède.

IL VOUS FAUT

2 cuil. à soupe
d'argile verte
en poudre
Absorbe l'excès
de sébum

1 cuil. à café d'huile végétale
de jojoba, nigelle
ou noisette (voir p. 15)
Régule la production
de sébum

2 cuil. à soupe
d'eau

une cuillère en bois
L'inox peut altérer
les propriétés de l'argile.

+

un bol
en verre ou en céramique

MASQUE MINUTE POUR PEAU SÈCHE

Fine et fragile, la peau peut devenir sèche en raison d'un manque d'hydratation, d'une exposition à la pollution, d'une utilisation répétée de produits agressifs ou tout simplement à cause des conditions climatiques (froid, fort ensoleillement...). La peau sèche a besoin d'être nourrie pour garder sa fonction de barrière naturelle.

Ce masque à la banane combinée au miel et au citron est riche en vitamines et vous apportera une hydratation instantanée !

Écrasez dans un bol la banane à l'aide d'une fourchette puis ajoutez le miel et le jus de citron.

Mélangez bien.

Appliquez le masque sur le visage en évitant le contour des yeux.

Laissez poser 15 min avant de rincer à l'eau tiède.

IL VOUS FAUT

1 cuil. à café de miel bio
Hydrate

1/2 citron bio (jus)
Purifie la peau

1/2 banane bio
Nourrit et protège la peau

une cuillère + un bol + une fourchette

MASQUE MINUTE POUR PEAU MATURE

Au fil des années, la peau perd en fermeté, elle se déshydrate et des ridules s'installent.

Ce masque minute à base de blanc d'œuf et de citron atténuera des rides grâce à son effet liftant !

Dans un bol, montez en neige le blanc d'œuf à l'aide d'un fouet.

Ajoutez le jus de citron puis mélangez doucement à l'aide d'une cuillère.

Appliquez le masque directement sur les zones du visage qui comportent des ridules (sous les yeux, autour des lèvres...).

Laissez poser 20 min avant de rincer à l'eau.

ASTUCE DOUCEUR

Si vous avez la peau sensible, vous pouvez ajouter le jaune de l'œuf dans ce masque pour éviter une peau déshydratée.

IL VOUS FAUT

1/2 citron bio (jus)
Purifie et resserre les pores

1 blanc d'œuf
Raffermit la peau

une cuillère + un bol + un fouet

HUILE BONNE MINE

Pour préparer sa peau aux rayons du soleil, pour prolonger son bronzage ou avoir bonne mine en hiver, la carotte est l'ingrédient incontournable dans l'alimentation comme en cosmétique.

Riche en bêta-carotène, en vitamines et en antioxydants, ce macérat huileux de carotte permet d'illuminer le teint et de préserver la peau du vieillissement.

Lavez les carottes sans les éplucher, puis coupez-les en très fines lamelles (comme des épluchures) à l'aide d'un économe. Laissez-les sécher à l'air libre pendant 1 journée entière.

Une fois les carottes bien sèches, mettez-les dans un bocal – elles doivent le remplir aux trois quarts – et recouvrez-les d'huile végétale. Refermez le bocal et gardez-le à l'abri de la lumière pendant 3 semaines minimum en remuant de temps en temps à l'aide d'une cuillère.

Après ces semaines de macération, le mélange doit avoir une belle couleur orangée.

Filtrez à l'aide d'une passoire fine ; appuyez sur les carottes afin de bien récupérer toute l'huile. Versez ensuite l'huile dans un bocal hermétique stérilisé au préalable.

Vous pouvez maintenant utiliser votre huile bonne mine ! Elle se conserve 6 mois à l'abri de la chaleur et de la lumière.

ASTUCE BEAUTÉ

En été, vous pouvez l'utiliser seule en appliquant une noisette d'huile sur votre visage matin ou soir. Aux autres saisons, ajoutez quelques gouttes de cette huile à votre crème de jour pour un teint hâlé naturel. Rassurez-vous : cette huile ne vous laissera pas le visage orange comme un autobronzant, cependant n'oubliez pas d'en appliquer également sur le cou pour un teint uniforme.

IL VOUS FAUT

2 carottes bio
Hâle le teint

30 ml d'huile végétale
tournesol, olive…
(voir p. 15)
Assouplit et illumine la peau

un couteau économe + un bocal hermétique + une passoire fine

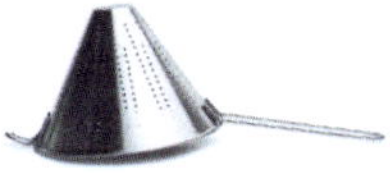

DÉMAQUILLANT

Pour protéger sa peau, et en particulier celle du visage, qui est plus fine et plus sensible aux attaques externes (pollution, chaleur, maquillage...), il est important de nettoyer visage tous les jours avec de bons produits.

Rapide et adaptable à votre peau, voici un démaquillant biphasé facile à réaliser, qui vous procurera une sensation de fraîcheur tout en hydratant votre visage !

Dans un bol, versez l'huile végétale et l'hydrolat. Ajoutez les gouttes de cosgard. Mélangez bien tous les ingrédients.

Versez le tout dans un flacon : votre démaquillant est prêt !

Secouez bien le flacon avant son utilisation. Appliquez sur le visage encore sec puis massez. Insistez sur les zones de maquillage. Rincez soit avec un coton lavable humidifié (voir p. 28), soit directement à l'eau claire.

Ce démaquillant se conserve 3 mois dans un endroit sec à l'abri de la lumière.

ASTUCE EXPRESS

Vous pouvez aussi opter pour un démaquillage à l'huile végétale uniquement.
Choisissez l'huile en fonction de ses propriétés et de votre type de peau : mixte, grasse, sèche... (voir p. 15). Versez quelques gouttes d'huile dans la paume de la main puis massez-vous le visage, pour un démaquillage tout en douceur !

IL VOUS FAUT

25 ml d'hydrolat
au choix (voir p. 20)
Hydrate

10 gouttes
de cosgard
Assure la conservation

25 ml d'huile végétale
au choix (voir p. 15)
Démaquille et nourrit

un bol + un flacon de 50 ml + une cuillère

BAUME À LÈVRES

Les baumes à lèvres conventionnels renferment bien souvent des molécules chimiques nocives. En effet, de plus en plus d'études montrent la présence de perturbateurs endocriniens ou d'huiles minérales cancérigènes dans de nombreuses marques connues.

Pourquoi alors débourser parfois jusqu'à 3 € pour un petit tube en plastique plein de produits nocifs lorsqu'on peut faire son baume chez soi en quelques minutes ? Économique et naturelle, voici une recette pour un baume à lèvres maison.

Faites fondre le beurre végétal, la cire et l'huile végétale au bain-marie, en mélangeant avec une cuillère pour faciliter la fonte. Lorsque le mélange est complétement fondu, retirez-le du bain-marie.

Versez dans un petit pot propre et désinfecté (ou directement dans un tube de rouge à lèvres) et ajoutez la vitamine E.

Laissez refroidir : le mélange va figer en refroidissant.

Ce baume se conserve 6 mois dans un endroit frais et sec, à l'abri de la lumière.

ASTUCE BEAUTÉ

Vous pouvez personnaliser votre baume en ajoutant des colorants naturels ou des fragrances selon vos envies !

IL VOUS FAUT

2 cuil. à soupe d'huile végétale
noisette, amande douce ou coco
(voir p. 15)
Nourrit et adoucit

1 cuil. à soupe de cire végétale
(soja, riz, candelilla…)
Hydrate et épaissit
la consistance du baume

2 cuil. à soupe de beurre végétal
karité ou cacao
Hydrate

3 gouttes de vitamine E
Assure la conservation

une cuillère en bois

+

un petit pot de 50 ml
ou un ancien tube
de rouge à lèvres vide
et propre

+

un bol

+

une casserole

SOIN POUR LES CILS ET LES SOURCILS

Il peut arriver que les cils ou les sourcils soient fragilisés par un démaquillage un peu trop agressif ou tout simplement par le maquillage lui-même.

Pour les protéger et favoriser leur repousse en cas de chute, l'huile de ricin peut faire des merveilles !

L'huile de ricin peut être utilisée comme une huile démaquillante. À cet effet, le soir, mettez une petite quantité d'huile de ricin dans le creux de la main et démaquillez-vous le visage en massant doucement les cils et les sourcils, puis rincez à l'aide d'un coton lavable (voir p. 28) ou à l'eau claire.

Pour un soin, appliquez quelques gouttes d'huile de ricin directement à la racine des cils avant d'aller vous coucher pour que l'huile pénètre bien pendant la nuit (attention à ne pas vous en mettre dans l'œil, sinon, rincez abondamment).

Vous pouvez également appliquer un peu d'huile de ricin sur vos sourcils en les massant doucement ; laissez poser toute la nuit.

ASTUCE DOUCEUR

Cure de soin pour les cils : ajoutez directement 2 gouttes d'huile de ricin dans votre mascara. L'huile protégera ainsi vos cils quotidiennement.

IL VOUS FAUT

de l'huile de ricin
Fortifie les cils
et les sourcils
et accélère la pousse

GEL RAFRAÎCHISSANT APRÈS-SOLEIL

Ah, le soleil ! Cet allié de la bonne humeur, synonyme de détente et de bien-être, peut vite se transformer en ennemi si votre peau n'est pas bien protégée. Pour éviter les coups de soleil, il est important de préparer sa peau avant toute exposition.

Si, toutefois, vous attrapez tout de même un coup de soleil, voici une recette naturelle et rapide pour apaiser et hydrater votre peau brûlée !

Dans un flacon, versez le gel d'aloe vera et l'huile végétale.

Secouez bien le flacon avant utilisation : le mélange se déphase au repos.

Appliquez le soin sur les zones brûlées plusieurs fois par jour, si besoin.

Ce gel rafraîchissant se conserve 3 mois au réfrigérateur.

ASTUCES POUR L'ÉTÉ

- Avant de s'exposer, consommez des aliments riches en bêta-carotène (carotte, tomate, melon, abricot...) et en acides gras (graines, huiles). Cela stimulera la production de mélanine – le pigment qui donne la couleur bronzée à la peau – et offrira plus d'élasticité à votre peau pour favoriser le bronzage.
- Appliquez quelques gouttes d'huile végétale de carotte (voir p. 42) ou d'abricot sur votre visage démaquillé pour vous donner un joli teint hâlé. Cela vous permettra également de prolonger votre bronzage !

IL VOUS FAUT

3 cuil. à soupe de gel d'aloe vera
(voir p. 23)
Hydrate intensément

3 cuil. à soupe d'huile végétale
(voir p. 15)
Nourrit et protège

un flacon-pompe

ASTUCE ÉCOLO

Choisissez une crème solaire adaptée à votre type de peau et si possible française, bio et à filtres minéraux pour le bien de la peau et de la vie marine… Chaque année, ce sont 4 000 tonnes de crème solaire aux composés chimiques nocifs qui se déposent sur les massifs coralliens.

LES CHEVEUX

RESPECTER
LE CUIR CHEVELU

Saviez-vous que plus on se lave les cheveux, plus on sécrète de sébum qui protège le cuir chevelu, donc plus les cheveux regraissent ?

L'idéal est de se laver les cheveux une ou deux fois par semaine maximum.
Les shampoings et autres produits capillaires du commerce n'ont rien de naturel et peuvent contenir des produits nocifs pour l'environnement et notre santé (irritants, allergènes, perturbateurs endocriniens...,). De plus, ces produits coûtent cher et leurs emballages polluent. Voilà donc de bonnes raisons de prendre soin de ses cheveux de façon plus naturelle !

CONNAISSEZ-VOUS LE NO-POO ?

Si vous n'en avez jamais pas encore entendu parler, voici un petit résumé de ce qu'est le mouvement *No-Poo* :

- L'expression vient de l'abréviation des mots anglais : *no shampoo.*
- L'idée est de dire « non au shampoing » et donc non aux produits chimiques contenus dans les shampoings.

En pratique, il s'agit de ne plus se laver les cheveux mais de les brosser et de les rincer avec des produits naturels, comme le vinaigre de cidre, qui fait briller les cheveux et élimine les pellicules.
Pour prendre soin de ses cheveux sans les laver, on peut également utiliser des poudres ayurvédiques de soin, comme le shikakai (voir p. 18).
Cette technique offrent de bons résultats : cheveux plus beaux, plus forts et plus brillants. Encore faut-il réussir à se lancer et à tenir pendant les premières semaines où les cheveux graissent... Mais rassurez-vous, ils finissent ensuite par s'adapter et à ne plus produire de sébum en excès !

SHAMPOING AYURVÉDIQUE

Les poudres de plantes ayurvédiques (voir p. 18) peuvent être utilisées en shampoing, en masque ou en macérat huileux pour prendre soin de nos cheveux naturellement. Il existe une grande diversité de poudres pour tous les types de cheveux. Leurs bienfaits sont toujours magiques : démêler, fortifier, embellir, stimuler la pousse, apporter du volume, lisser, lutter contre les pellicules...

Préparer un shampoing à base de poudre de plante est très simple. Vous pourrez varier le type de poudre et d'actifs en fonction de vos besoins. Ce shampoing se prépare au dernier moment.

Dans un bol, mélangez la poudre de plante lavante avec un petit filet d'eau jusqu'à l'obtention d'une pâte homogène. Ajoutez le yaourt et/ou le miel puis l'huile végétale. Mélangez.

Appliquez le shampoing sur cheveux secs en partant des racines puis étirez-le jusqu'aux pointes. Laissez poser 5 min. Rincez à l'eau claire.

S'il vous reste un peu de shampoing, vous pouvez le conserver une semaine au frais.

ASTUCE EXPRESS

Mélangez directement 2 cuil. à café de poudre de plante lavante avec un peu d'eau de plante. Appliquez directement sur cheveux humides.

ASTUCE BEAUTÉ

Les poudres de plantes peuvent s'utiliser seules ou en synergie avec une autre pour multiplier les bienfaits (voir p. 19).
En synergie, vous pouvez utiliser :
- pour fortifier les cheveux : sidr, amla, shikakaï ;
- pour démêler les cheveux : sidr, hibiscus, reetha.

IL VOUS FAUT

1 yaourt végétal
et/ou 1 cuil. à café
de miel bio
Nettoie, hydrate et apporte
douceur aux cheveux

1 cuil. à café d'huile végétale
de brocoli ou autre (p. 15)
Nourrit les cheveux

2 cuil. à soupe
de poudre de plante lavante
(voir p. 19)
Nettoie les cheveux

Un peu d'eau

une cuillère en bois
car le métal altère
leurs effets

\+

un bol

SHAMPOING SOLIDE

Le shampoing solide est LE produit zéro déchet par excellence. Pour moi, c'est le shampoing idéal. Sans emballage, sans silicones, facile à transporter et à utiliser, il est très pratique et il en existe pour tous les types de cheveux.

La bonne nouvelle ? Vous pouvez le faire vous-même !

Faites fondre au bain-marie le tensioactif avec les 10 ml d'eau. Lorsque les granulés du tensioactif ramollissent (ils ne fondent pas vraiment), ajoutez l'huile végétale. Puis incorporez l'argile petit à petit en mélangeant à l'aide d'un fouet, pour éviter les grumeaux.

ASTUCE DOUCEUR

Si vous souhaitez augmenter les bienfaits de votre shampoing, ajoutez quelques gouttes d'huiles essentielles en fonction de votre type de cheveux (voir p. 17) ou quelques gouttes de fragrances pour le parfumer.

Versez la pâte dans les moules en silicone en tassant bien.

Déposez les moules au frigo pendant 48 heures.

Démoulez : vos shampoings sont prêts à l'emploi !

Utilisation : frottez le shampoing sur cheveux mouillés ou faites-le mousser entre vos mains, comme un savon solide, avant de l'appliquer.

Ce shampoing se conserve 6 mois à l'abri de la lumière et de la chaleur.

ATTENTION !

Un tensioactif est un agent qui mousse et qui lave les cheveux. Il en existe des plus ou moins agressifs. Pour ce shampoing, j'utilise le SCI*, dérivé de l'huile de coco, qui est l'un des plus doux. Attention : il ne doit pas excéder 50 % de la part des ingrédients, sous peine d'irriter le cuir chevelu.

IL VOUS FAUT

30 g d'argile verte
en poudre
Assainit le cuir chevelu
et régule la production de sébum

25 g d'huile végétale
au choix (voir p. 15)
Nourrit le cheveu

30 g de tensioactif
en poudre (SCI)
Fait mousser et nettoie

10 ml d'eau

un bol
en verre ou céramique

+

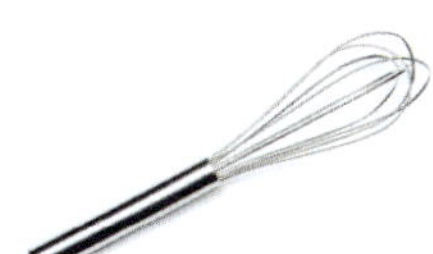

un petit fouet
de préférence
en silicone (l'inox altère
les propriétés de l'argile)

+

une plaque
de moules en silicone
type moules
à muffins

+

une casserole

SHAMPOING SOLIDE SANS TENSIOACTIFS AU SAVON DE MARSEILLE

Si l'idée du shampoing solide maison vous plaît mais que vous ne souhaitez pas utiliser de tensioactifs parce que votre cuir chevelu est très sensible, cette recette à base de savon de Marseille vous conviendra mieux. Hypoallergénique et régulateur de sébum, le savon de Marseille a de multiples vertus pour le cuir chevelu. S'il peut avoir tendance à les assécher, le miel et l'huile végétale viendront hydrater et nourrir vos cheveux.

À l'aide d'un robot, mixez les copeaux de savon de Marseille pour obtenir une poudre très fine. Si les copeaux sont trop gros, il risque d'y avoir des grumeaux.

Dans un bol, faites fondre au bain-marie le savon de Marseille avec les 100 ml d'eau. Mélangez régulièrement jusqu'à ce que la préparation soit homogène.

ASTUCE EXPRESS

Pour une version encore plus simple, un savon de Marseille à l'huile d'olive est un excellent shampoing naturel !

Ajoutez l'huile végétale, puis le miel ou l'argile (suivant votre type de cheveux) tout en mélangeant énergiquement.

Versez dans les moules. Laissez durcir 1 à 2 h au congélateur.

Démoulez les shampoings solides et laissez-les sécher 2 semaines, à l'air libre, dans un endroit sec et à l'abri de la lumière.

ATTENTION !

Après les premiers shampoings, vos cheveux paraîtront peut-être secs, mais au bout de 3 ou 4 shampoings, ils s'habitueront et retrouveront alors toute leur douceur !

POUR 3 SHAMPOINGS

3 cuil. à soupe
d'huile végétale
au choix (voir p. 15)
Nourrit le cheveu

6 cuil. à soupe de savon
de Marseille en copeaux
ou de savon d'Alep
(pour les cuirs chevelus
les plus sensibles)
Régule la production
de sébum

3 cuil. à soupe de miel bio
(pour les cheveux secs)
Hydrate
ou 3 cuil. à soupe
d'argile verte en poudre
(pour les cheveux gras)
Assainit le cuir chevelu
et régule le sébum

100 ml d'eau

un mixeur

+

un bol
en verre
ou céramique

+

une plaque de
moules en silicone
type moules à muffins

+

une cuillère
en bois
L'inox altère les
propriétés de l'argile

+

une casserole

SHAMPOING LIQUIDE

Réaliser son shampoing liquide n'est vraiment pas difficile. Et, en plus, vous pourrez l'adapter à vos besoins du moment.

La base lavante neutre est composée de tensioactifs doux sans sulfates. Une base lavante peut suffire mais il est intéressant de la personnaliser en fonction de vos cheveux pour un résultat des plus satisfaisants !

Dans un bol, mélangez l'huile végétale et les huiles essentielles.

Dans un flacon, versez, à l'aide d'un entonnoir, 200 ml de base lavante puis ajoutez le mélange d'huiles.

Secouez avant chaque utilisation afin que les huiles et la base lavante se mélangent bien.

Ce shampoing se conserve de 6 mois à 1 an, comme un shampoing classique.

ASTUCE ÉCOLO

Récupérez un ancien flacon de shampoing de 250 ml. Nettoyez-le bien et désinfectez-le. Vous pourrez y verser votre nouveau shampoing naturel !

ASTUCE BEAUTÉ

Après votre shampoing, rincez vos cheveux avec de l'eau additionnée de 2 cuil. à soupe de jus de citron (ou de 3 cuil. à soupe de vinaigre de cidre) pour leur apporter encore plus de brillance !

IL VOUS FAUT

2 cuil. à soupe
d'huile végétale
au choix (voir p. 15)
Nourrit

200 ml de base
lavante liquide
Nettoie les cheveux

10 gouttes d'huiles
essentielles
au choix (voir p. 17)
Traite les cheveux

un bol

+ un flacon de 250 ml +

une cuillère

+

un entonnoir

SHAMPOING POUR ENFANTS

Le cuir chevelu des enfants étant sensible et délicat, il est important d'en prendre grand soin. Un shampoing naturel, ou encore mieux un shampoing fait maison, sera idéal pour éviter agressions ou irritations.

Dans un bol, mélangez le savon de Castille et le lait de coco. Ajoutez l'huile végétale, le miel et la vitamine E, puis mélangez bien.

Versez le tout dans le flacon à l'aide d'un entonnoir.

ASTUCE ÉCOLO

Ce shampoing peut également s'utiliser comme gel douche ou comme nettoyant pour le visage.

Ce shampoing se conserve jusqu'à 6 mois, de préférence à l'abri de la chaleur.

À SAVOIR

Le savon de Castille, utilisé dans cette recette, est l'équivalent espagnol de notre savon de Marseille. Hydratant, nourrissant et très doux, ce savon, fabriqué à partir d'huiles végétales, est idéal pour les peaux et cuirs chevelus sensibles !

IL VOUS FAUT

50 ml de lait de coco
Hydrate et protège

1/2 cuil. à soupe d'huile végétale d'amande douce
Fortifie et adoucit

50 ml de savon de Castille liquide

1/2 cuil. de miel bio
Nourrit et fait briller

4 gouttes de vitamines E

une cuillère

+

un flacon de 150 ml

+

un bol

+

un entonnoir

SHAMPOING SEC

Vous n'avez pas le temps ou simplement pas l'envie de vous laver les cheveux aujourd'hui ? Pas de panique, voici l'astuce shampoing sec maison super pratique, à réaliser en quelques minutes !

La fécule de maïs a des propriétés hydratantes, nutritives, réparatrices et surtout absorbantes. Elle absorbe l'excès de sébum et permet ainsi de reporter le prochain shampoing.

Dans un bol, versez la fécule de maïs. Appliquez-la sur vos racines, soit à l'aide d'un pinceau à poudre, soit avec les mains.

Laissez agir 1 ou 2 min.

Brossez-vous les cheveux.

ASTUCE BEAUTÉ

Si vous êtes brun(e), ajoutez 1 cuil. à café de poudre de cacao pour foncer la couleur de la poudre.
Mais attention, évitez d'en mettre trop, surtout si vous avez une séance de sport. Avec la transpiration, il pourrait se dégager du cuir chevelu une odeur chocolatée – non désagréable, somme toute !

ALTERNATIVE

À la place de la fécule de maïs, utilisez de l'argile blanche.

IL VOUS FAUT

2 cuil. à soupe de fécule
de maïs (exemple : Maïzena)
Nourrit et absorbe l'excès
de sébum

un bol + un pinceau à poudre
facultatif

APRÈS-SHAMPOING NATUREL

Pourquoi faut-il éviter les après-shampoings industriels ? Parce qu'ils contiennent de plus en plus d'ingrédients polluants, cancérigènes et qui perturbent nos hormones (silicones, parabènes, sulfate de sodium...).

La recette qui suit est faite uniquement à base de flocons d'avoine et d'eau. L'avoine a des vertus nutritives et antioxydantes qui apporteront souplesse et brillance à vos cheveux tout en favorisant le démêlage.

Portez à ébullition l'eau puis ajoutez les flocons d'avoine. Laissez cuire à feu doux pendant 10 min en remuant de temps en temps.

Lorsque le mélange devient trouble et pâteux, c'est prêt !

Hors du feu, filtrez à l'aide d'une passoire ou d'un chinois pour ne garder que la crème. Laissez refroidir.

Après votre shampoing, appliquez la pâte obtenue sur l'ensemble de votre chevelure et laissez poser 5 min.

Cet après-shmpoing se conserve 3 jours au frigo. Je vous conseille donc de n'en faire qu'une petite quantité.

? GREEN WASHING

Méfiez-vous des marques qui proposent des produits « sans » (exemple : « sans parabène ») : les produits qui les remplacent sont rarement identifiés et il s'agit souvent de *green washing*. Ce procédé de marketing est souvent utilisé pour se donner une image écologique et responsable (exemple : choisir un logo vert, ajouter une mention « éco » ou « bio » sans avoir de label, etc.).

POUR 100 ML

ASTUCE ÉCOLO

Le résidu d'avoine que vous récupérez s'appelle l'okara.
Il peut être utilisé :
➔ en masque visage, en le mélangeant à une huile végétale (voir p. 15) ;
➔ pour faire des cookies, des gâteaux ou remplacer un œuf dans une recette.

5 cuil. à soupe de flocons d'avoine
Nourrissent et favorisent le démêlage

500 ml d'eau

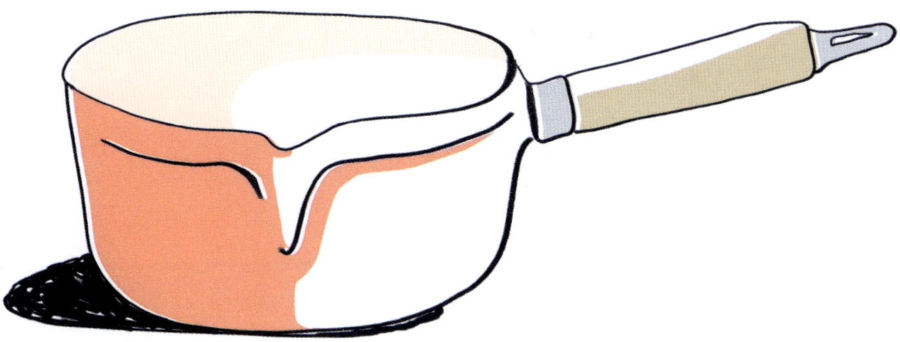

une passoire
ou un chinois

+

une casserole

SOIN CAPILLAIRE À L'HUILE VÉGÉTALE

Les huiles végétales constituent une très bonne alternative naturelle aux produits industriels puisqu'elles nourrissent et protègent les cheveux des agressions extérieures (sèche-cheveux, teintures, pollution…). Elles peuvent être utilisées en tant qu'ingrédient dans un shampoing liquide ou bien, comme ici, en soin pour masser le cuir chevelu.

Cheveux secs, plats, indisciplinés, gras… ce soin vous permettra de profiter de tous les bienfaits des huiles végétales !

Avant de commencer, humidifiez-vous les cheveux. Versez l'huile végétale dans les paumes de chaque main et frottez-les l'une contre l'autre pour réchauffer l'huile. Massez ensuite votre cuir chevelu délicatement pour qu'il en soit bien imprégné.

Répartissez l'huile en partant des racines puis étirez jusqu'aux pointes. L'huile ne doit pas couler de vos cheveux : ils doivent simplement être brillants. Enveloppez vos cheveux dans un foulard ou une charlotte, puis laissez poser 20 min, voire toute une nuit.

Lavez vos cheveux 1 ou 2 fois avec votre shampoing habituel.

BOOSTER D'EFFICACITÉ

Pour davantage de bienfaits, ajoutez 3 gouttes d'huile essentielle de votre choix (voir p. 17). En effet, les huiles végétales sont de bons supports pour diffuser les huiles essentielles. Ensemble, elles créent une synergie qui renforce leurs pouvoirs.

IL VOUS FAUT

2 à 4 cuil. à soupe de l'huile végétale selon la longueur des cheveux
(voir p. 15)
Nourrit les cheveux

un foulard
ou une charlotte
(facultatif)

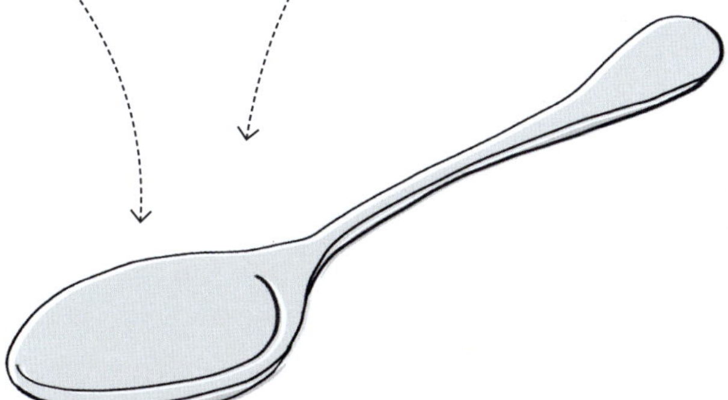

ASTUCE DOUCEUR

Vous pouvez aussi mélanger plusieurs huiles végétales. Voici quelques idées d'alliances très efficaces :

- pour les cheveux secs ou abîmés : brocoli et jojoba ;
- pour les cheveux gras : jojoba et nigelle ;
- pour prévenir les chutes de cheveux : ricin et nigelle.

SOIN ÉQUILIBRANT POUR CHEVEUX GRAS

Stress, manque de sommeil, dérèglement hormonal, pollution ou mauvaise alimentation peuvent être les facteurs d'un excès de sébum. Le sébum est censé hydrater et protéger notre cuir chevelu des agressions extérieures. Mais lorsque celui-ci est sécrété en trop grande quantité, il asphyxie nos racines et le cheveu ne respire plus.

Pour rééquilibrer naturellement son cuir chevelu, la solution n'est pas de l'agresser davantage mais plutôt d'en prendre soin avec des produits doux.

Dans un bol, mélangez l'argile verte avec 5 cuil. à soupe d'eau citronnée. Ajoutez l'huile essentielle de romarin ou de pamplemousse.

Appliquez la pâte obtenue sur le cuir chevelu, sur cheveux humides, et massez bien. Laissez poser 20 min.

Rincez puis lavez-vous les cheveux avec votre shampoing habituel.

Pour plus d'efficacité, utilisez ce soin 1 fois par semaine puis espacez en fonction de l'amélioration.

ASTUCE BIEN-ÊTRE

Une alimentation saine pour des cheveux sains ! En effet, une alimentation équilibrée et une vie saine permettent de maintenir l'équilibre du cuir chevelu.

IL VOUS FAUT

4 gouttes d'huile essentielle
de romarin
ou de pamplemousse
Rééquilibre le cuir chevelu

6 cuil. à soupe d'argile
verte en poudre
Absorbe le sébum
et purifie

1/2 citron bio (jus)
Resserre les écailles
des cheveux
et les fait briller

une cuillère en bois
L'inox altère
les propriétés de l'argile.

+

un bol
en verre ou en céramique

SOIN POUR CHEVEUX SECS

Pour des cheveux forts, nourris et brillants, la banane sera votre meilleure alliée ! Ce fruit regorge de bienfaits. Incroyablement nutritive, la banane contient du potassium et des vitamines dont notre corps et nos cheveux raffolent.

En soin, la banane hydrate, adoucit et protège les cheveux.

Dans un bol, écrasez la banane à l'aide d'une fourchette. Ajoutez le jaune d'œuf et l'huile végétale. Mélangez bien tous les ingrédients. (Pour faciliter la préparation de ce soin, choisissez une banane bien mûre.)

Appliquez le mélange sur cheveux humides en partant des racines, puis étirez sur les longueurs. Laissez poser 30 min. Rincez et lavez-vous les cheveux avec votre shampoing habituel.

BOOSTER D'EFFICACITÉ

Pour des cheveux très secs, ajoutez à ce soin 1 cuil. à soupe de miel.

ASTUCE ÉCOLO

Ne jetez pas le blanc d'œuf non utilisé il pourra vous servir pour cuisiner des desserts (meringues, gâteaux…).

IL VOUS FAUT

2 cuil. à soupe
d'huile végétale
d'olive ou au choix
(voir p. 15)
Nourrit le cheveu

1 banane bio bien mûre
Hydrate et protège
le cheveu

1 jaune d'œuf
Hydrate et améliore
l'élasticité du cheveu

une cuillère + un bol + une fourchette

SOIN CAPILLAIRE RÉPARATEUR

Soleil, coloration, brushing, chute de cheveux… il arrive souvent que nos cheveux soient agressés ou fatigués. Ils deviennent alors ternes, cassants, lourds ou avec des pointes fourchues. Pour les réparer, rien de tel que ce soin capillaire !

Dans un bol, mélangez bien l'huile de ricin et le gel d'aloe vera.

Appliquez sur cheveux mouillés en partant des racines et étirez jusqu'aux pointes tout en massant bien afin que le soin pénètre en profondeur.

Laissez poser 30 min.

Rincez, puis lavez-vous les cheveux avec votre shampoing habituel.

Ce masque se conserve 2 jours au frais.

IL VOUS FAUT

2 cuil. à soupe d'huile de ricin
Gaine et nourrit les cheveux abîmés et les aide à repousser

2 cuil. à soupe de gel d'aloe vera
(voir p. 23)
Renforce la structure interne du cheveu

une cuillère + un bol

SOIN CAPILLAIRE ANTI-CHUTE

Homme ou femme, jeune ou plus âgé(e), nous connaissons tous des périodes où nous perdons nos cheveux. Ces chutes peuvent être causées par du stress, un choc émotionnel, un dérèglement hormonal, un déséquilibre alimentaire, de l'anémie, un mauvais traitement des cheveux ou tout simplement un changement de saison.
Ce soin freinera la chute des cheveux en activant la microcirculation du cuir chevelu et en régulant la production de sébum (en excès celui-ci peut asphyxier le cuir chevelu et favoriser la chute). Les huiles de ce soin, mélangées au miel, agiront en synergie pour fortifier les cheveux, favoriser leur croissance et freiner leur chute.

Dans un bol, mélangez l'huile de ricin avec le miel et l'huile essentielle de sauge scarlée. Appliquez le mélange sur cheveux humides en massant doucement le cuir chevelu pendant 5 min. Le massage permet aux huiles de bien pénétrer.

Laissez poser 1 h, puis lavez-vous les cheveux comme d'habitude.

BOOSTER D'EFFICACITÉ

En plus de ce soin, voici quelques astuces pour freiner la chute des cheveux :
- massez régulièrement votre cuir chevelu afin de l'irriguer et d'activer la microcirculation ;
- vérifiez si vous n'avez pas de carences en vitamines, zinc ou magnésium ;
- réduisez au maximum le stress, vecteur de chute de cheveux ;
- appliquez un mélange d'huiles essentielles en synergie (par exemple l'ylang-ylang associé au genévrier ou au romarin).

IL VOUS FAUT

2 cuil. à soupe d'huile
végétale de ricin
Nourrit et favorise
la repousse des cheveux

5 gouttes d'huile essentielle
de sauge scarlée
Régule la production
de sébum

1 cuil. à café de miel bio
Hydrate et fortifie les cheveux

une cuillère + un bol

SOIN ANTIPELLICULAIRE

Les pellicules apparaissent généralement avec la fatigue, le stress, un dérèglement hormonal ou bien à cause de shampoings trop agressifs. Utiliser des cosmétiques maison à base d'ingrédients naturels et doux représente la meilleure des solutions.

Vous pouvez prendre soin de votre cuir chevelu, vous débarrasser des pellicules et diminuer les démangeaisons en appliquant ce soin 1 fois par semaine pendant 1 mois.

Dans un petit bol, mélangez l'argile en poudre avec l'huile essentielle à l'aide d'une cuillère en bois.

Appliquez le mélange sur cheveux humides en massant bien votre cuir chevelu.

Laissez poser 20 min puis de rincez avec de l'eau dans laquelle vous aurez ajouté le vinaigre de cidre.

ASTUCE

De temps à autre, ajoutez 1 cuil. à soupe de bicarbonate de soude à votre shampoing. Produit alcalin, il effectura un véritable gommage du cuir chevelu, et le nettoyera en éliminant l'excès de sébum !

Ensuite lavez-vous les cheveux avec votre shampoing habituel.

BOOSTER D'EFFICACITÉ

En complément de ce soin, je vous recommande de bien hydrater vos cheveux pour apaiser le cuir chevelu. Utilisez un shampoing hydratant, un soin pour cheveux secs (voir p. 74) ou un soin capillaire réparateur à l'huile végétale (voir p. 76).

IL VOUS FAUT

8 gouttes d'huile essentielle de tea tree, de menthe poivrée ou de lavande (voir p. 17)
Assainit le cuir chevelu et lutte contre les pellicules

3 cuil. à soupe d'argile verte en poudre
Absorbe le sébum et élimine les pellicules

1 verre de vinaigre de cidre
(pour le rinçage)
Donne de la brillance

une cuillère en bois
L'inox altère les propriétés de l'argile.

+

un petit bol
en verre ou céramique

GEL FIXANT À L'ALOE VERA

Les gels fixants du commerce – en plus d'être relativement chers – abîment vos cheveux. Ils les étouffent, peuvent les rendre gras, les dessécher ou favoriser l'apparition de pellicules. Sans compter leurs ingrédients nocifs (pour la santé et la planète) !

À l'inverse, le gel d'aloe vera est naturellement hydratant, apaisant et restructurant grâce à sa texture même.

Faites chauffer un peu d'eau dans une casserole ou dans une bouilloire. Dans un pot, versez le sucre glace et l'eau bien chaude. Mélangez afin que le sucre se dissolve bien dans l'eau.

Laissez ensuite le mélange refroidir pendant quelques heures.

Ajoutez alors le gel d'aloe vera et mélangez à nouveau.

Votre gel est prêt : il fixera vos cheveux tout en les hydratant !

Il se conserve 2 ou 3 semaines, de préférence au réfrigérateur.

ALTERNATIVE

Si vous n'avez pas d'aloe vera, utilisez des graines de lin : vous pourrez également fabriquer un gel fixant parfait pour vos cheveux.
Faites cuire dans 500 ml d'eau 40 g de graines de lins pendant 5 min à feu doux jusqu'à ce que l'eau prenne la consistance d'un gel.
Puis filtrez à l'aide d'une passoire et laissez le mélange refroidir et épaissir. Vous pourrez ainsi vous coiffer à l'aide de votre tout nouveau gel aux graines de lin !

IL VOUS FAUT

15 cuil. à soupe de gel d'aloe vera
(voir p.23)

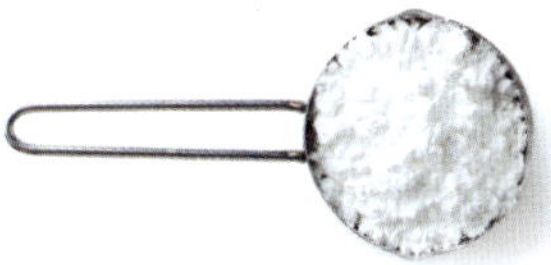

1 cuil. à soupe de sucre glace
Solidifie et donne de la brillance

4 cuil. à soupe d'eau
bien chaude

une cuillère + un pot de 200 ml + une casserole ou une bouilloire

LOTION ANTI-POUX

Ah ! les joies de la rentrée des classes : achats de fournitures scolaires, répartition des copains dans plusieurs classes et parfois… le retour des poux ! Si votre enfant commence à se gratter la tête, je vous invite à traiter le problème le plus tôt possible. En effet, ces petites bêtes ont tendance à se reproduire très vite.

Les poux sont de plus en plus résistants aux produits du commerce et ces derniers peuvent être très irritants, voire nocifs, pour le cuir chevelu de nos enfants. Je vous propose une recette de lotion aussi efficace que naturelle !

Saupoudrez le cuir chevelu de bicarbonate de soude alimentaire sur cheveux secs. Massez et répartissez bien uniformément.

Vaporisez ensuite l'eau vinaigrée pour humidifier les cheveux.

Laissez poser le mélange si possible toute une nuit en enroulant les cheveux dans un foulard ou une charlotte.

Le lendemain matin, lavez les cheveux avec votre shampoing habituel et rincez avec de l'eau mélangée à du vinaigre de cidre. N'oubliez pas de bien peigner vos cheveux pour éliminer les lentes et les poux morts !

ASTUCE

Pensez à laver tout le linge qui a pu être en contact avec les poux (manteau, écharpe, taie d'oreiller, draps, doudou…).

BOOSTER D'EFFICACITÉ

Si, après le shampoing, certains poux ou lentes subsistent, massez le cuir chevelu avec 2 cuil. à soupe d'huile végétale de coco ou de nigelle. Laissez poser 1 h, puis lavez et brossez les cheveux. Les poux ne résistent pas à l'huile végétale, qui les asphyxie !

IL VOUS FAUT

du vinaigre blanc
(1 cuil. à soupe pour 25 ml d'eau)
Humidifie les cheveux et tue les poux

du vinaigre de cidre
(3 cuil. à soupe
pour 1 l d'eau)
(pour le rinçage)
Apporte douceur et brillance

4 à 6 cuil. à soupe
de bicarbonate de soude
selon la longueur
des cheveux
Décolle les racines
et tue les lentes

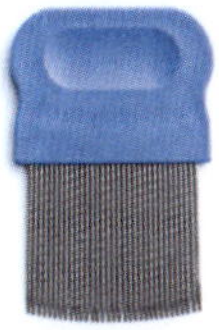

un peigne fin
spécial poux

+ un vaporisateur +

un foulard
ou une charlotte

LE CORPS

GOMMAGE CORPS DYNAMISANT

Pour préparer sa peau au soleil, avant une épilation ou simplement pour exfolier et enlever les peaux mortes, un gommage régulier permet d'avoir une peau plus lisse, plus douce et qui respire.

Cette recette contient uniquement du café, un ingrédient idéal pour un gommage dynamisant ! En plus d'être énergisant et antioxydant, le marc de café a des propriétés anticellulite et anti-vergetures.

Dans un bol, mélangez le marc de café et l'eau.

Une fois que le mélange est homogène, appliquez sur le corps et massez de manière circulaire.

Rincez bien à l'eau claire.

IL VOUS FAUT

3 cuil. à soupe
de marc de café
Est énergisant
et antioxydant

3 cuil. à soupe
d'eau

une cuillère + un bol

GOMMAGE CORPS HYDRATANT

Dans ce gommage, le sucre est un agent exfoliant très efficace qui activera la circulation sanguine en éliminant les peaux mortes, et l'huile végétale vous apportera de la douceur… et d'autres bienfaits selon celle que vous choisirez.

Dans un bol, mélangez le sucre en poudre avec l'huile végétale et l'eau.

Humidifiez votre peau, puis appliquez le gommage sur tout le corps en massant avec des gestes circulaires.

Rincez à l'eau claire.

BOOSTER D'EFFICACITÉ

Pour une hydratation intense, choisissez l'huile d'amande douce ou de coco !

IL VOUS FAUT

3 cuil. à soupe
de sucre en poudre

1 cuil. à soupe
d'huile végétale
d'olive ou autre choix
(voir p. 15)

1 cuil. à soupe
d'eau

une cuillère + un bol

GOMMAGE CORPS POUR PEAU SENSIBLE

Votre peau est tellement sensible que vous n'osez pas faire de gommage ? L'avoine est l'ingrédient qu'il vous faut ! Elle a des propriétés hydratantes et adoucissantes idéales pour un gommage pour les peaux sensibles.

Dans un bol, mélangez les flocons d'avoine avec le miel et l'huile végétale.

Humidifiez votre peau, appliquez la pâte obtenue et massez à l'aide de mouvements circulaires.

Rincez à l'eau.

IL VOUS FAUT

1 cuil. à café de flocons d'avoine bio

1 cuil. à café d'huile végétale au choix (voir p. 15)

1 cuil. à café de miel bio

une cuillère + un bol

CRÈME HYDRATANTE

Vous avez la peau qui tire en ce moment ? Des signes de sécheresse tels que des démangeaisons, des brûlures ou bien la peau qui pèle ? Peut-être est-ce dû à un manque d'hydratation, à un intérieur trop sec ou peut-être que votre eau du robinet est trop chlorée…

C'est le moment de faire peau neuve ! Voilà une recette très facile qui redonnera à votre peau douceur et hydratation !

Faites fondre le beurre au bain-marie, puis ajoutez l'huile végétale, le gel d'aloe vera et la vitamine E.

Versez ensuite le tout dans un contenant propre et désinfecté. Votre crème est prête !

Elle se conserve 3 mois à l'abri de la lumière, dans un endroit sec.

ASTUCE

Ajoutez 2 gouttes de fragrance pour parfumer délicatement votre crème !

IL VOUS FAUT

15 ml d'huile végétale
de jojoba, d'avocat
ou de noisette au choix
(voir p. 15)
Nourrit la peau

1 cuil. à café
de gel d'aloe vera
(voir p. 23)
Protège et répare

30 g de beurre de karité
Hydrate et permet
de solidifier la crème

4 gouttes de vitamine E
Pour la conservation

un bol

+ un pot de 200 ml
en verre de préférence +

une casserole

HUILE SUBLIME POUR LE CORPS

Cette huile naturelle est idéale pour nourrir et régénérer la peau après une exposition au soleil. En outre, cette belle huile pailletée sublime le bronzage et donne un joli teint hâlé. Voyage envoûtant garanti !

Dans le flacon, versez le macérat huileux ou l'huile végétale, le mica en poudre et la vitamine E. Ajoutez, si vous le désirez, une ou plusieurs fragrances.

Agitez bien avant utilisation et appliquez quelques gouttes de cette huile sur le corps. Vous pouvez aussi l'utiliser sur le visage et même les cheveux !

Elle se conserve jusqu'à 6 mois à l'abri de la chaleur et de la lumière.

IL VOUS FAUT

1/2 cuil. à café de mica
en poudre couleur or
Donne un effet pailleté
naturel

30 gouttes de fragrance
naturelle cosmétique
(facultatif)
Pour parfumer

40 ml de macérat huileux
de carotte (voir p. 42)
Est un antioxydant
et donne bonne mine
ou d'huile végétale
d'abricot ou de noisette
Nourrit

4 gouttes
de vitamine E
Est antioxydante

un flacon de 50 ml
en verre de préférence

SPRAY ANTI-MOUSTIQUES

Ah ! les vacances, la lumière des couchers de soleil, la douceur des soirs d'été ! Tout serait parfait sans ce petit bzzzzz dans l'oreille, non ?

Si, vous aussi, vous avez une peau à moustiques, vous pouvez vous protéger naturellement avec ce spray qui saura les tenir à distance !

Versez l'huile végétale dans le flacon vaporisateur et ajoutez toutes les huiles essentielles. Secouez pour mélanger.

Ce spray se conserve 3 mois dans un endroit sec et à l'abri de la lumière.

BOOSTER D'EFFICACITÉ

Vous pouvez également utiliser ces 3 huiles essentielles dans un diffuseur pour empêcher les moustiques d'entrer chez vous !

ASTUCE POUR LES TOUT-PETITS !

Pour les plus jeunes, utilisez simplement une eau florale de lavande ou de géranium : appliquez-leur 1 à 2 gouttes derrière les oreilles.

IL VOUS FAUT

5 gouttes d'huile essentielle de citronnelle de Java
Est un puissant répulsif et antiseptique

5 gouttes d'huile essentielle de géranium rosat
Soulage les piqûres et facilite la cicatrisation

40 ml d'huile végétale
d'amande douce, de jojoba ou de noisette (voir p. 15)
Nourrit la peau

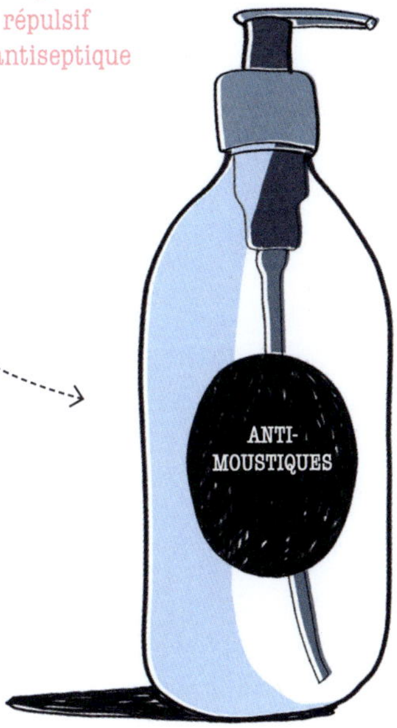

5 gouttes d'huile essentielle de lavande vraie
Est un répulsif et un antalgique

un flacon vaporisateur de 50 ml

CRÈME POUR LES MAINS

Froid de l'hiver, sécheresse de l'été, lavages trop fréquents, usage de gel hydroalcoolique..., nos mains sont les premières victimes des agressions extérieures et sont souvent mises à rude épreuve.

Pour nourrir les peaux abîmées, une bonne hydratation est la clé ! Je vous propose cette crème pour les mains toute simple et complètement naturelle !

Faites fondre au bain-marie le beurre de karité et l'huile végétale. Sortez le bol du bain-marie, ajoutez la vitamine E puis laissez refroidir entre 3 et 4 h à température ambiante afin que la crème se solidifie légèrement.

Appliquez une noisette de crème sur les mains et massez bien afin de la faire pénétrer.

Cette crème se conserve 6 mois dans un endroit sec et à l'abri de la lumière.

ASTUCE EXPRESS

Pour des mains douces et hydratées instantanément, sans réaliser de crème, appliquez 1 noisette de beurre de karité et massez doucement.

IL VOUS FAUT

4 cuil. à soupe d'huile végétale
de coco, de jojoba, d'amande douce, d'olive ou de ricin (voir p. 15)
Protège et adoucit

3 cuil. à soupe de beurre de karité
Nourrit et répare

5 gouttes de vitamine E
Pour la conservation

un bol

+

un contenant de 50 ml
en verre de préférence

+

une casserole

SOIN POUR LES ONGLES

Que vous ayez des ongles fragiles ou qui se dédoublent, il existe LE produit naturel parfait ! L'huile de ricin est une huile de soin aux vertus étonnantes – que Cléopâtre utilisait déjà à son époque. Riche en acides gras, elle nourrit et fortifie les ongles.

Dans un bol, mélangez l'huile de ricin et le jus de citron.

Au coucher, massez vos ongles et vos cuticules avec ce mélange puis laissez agir toute la nuit.

Vous pouvez l'appliquer aussi souvent que vous le souhaitez.

Ce soin se conserve 1 semaine au frais.

ALTERNATIVE

Si vous n'avez pas d'huile de ricin, vous pouvez tout à fait utiliser votre baume à lèvres (voir p. 46), appliquez-le directement sur vos ongles.

IL VOUS FAUT

1 cuil. à soupe
d'huile de ricin
Fortifie les ongles

1 cuil. à café
de jus de citron bio
Nettoie et blanchit

une cuillère + un bol

L'HYGIÈNE

LE PLASTIQUE,

CE N'EST PAS FANTASTIQUE...

Savez-vous combien de gels douche sont vendus chaque année rien qu'en France ? 186 millions ! Soit à peu près 6 flacons par seconde ! Vous imaginez la montagne de déchets que cela représente ? Et malheureusement, ce sont des déchets qui se retrouvent très souvent dans la mer. Si nous continuons à ce rythme, il y aura en 2050 plus de plastique que de poissons dans les océans, c'est dramatique !

Dentifrice, déodorant, gel douche... Tous ces produits sont emballés dans du plastique : pourquoi ne pas les faire vous-même ? L'idée, en vous proposant ces recettes, n'est pas de vous faire perdre du temps ou de vous compliquer le quotidien mais, au contraire, de vous montrer que pour prendre soin de soi – et de manière naturelle et saine – nous n'avons finalement besoin que de peu de produits. Un mode de vie plus simple vous apportera justement une plus grande liberté et un gain de temps inestimable !

POUR ALLER PLUS LOIN

➧ Passez à la brosse à dents en bois : choisir des brosses à dents biodégradables voire compostables en bois pourrait éviter de jeter 1 400 tonnes de plastique rien qu'en France !
➧ Installez des régulateurs de robinet et de douche : l'eau est une ressource rare qu'il faut préserver. Avec un régulateur de débit, vous pouvez économiser énormément d'eau et également réduire vos factures !
➧ Remplacez les cotons-tiges par un cure-oreilles : ce petit instrument en bambou ou en inox permet d'enlever les excès de cérumen à l'entrée de l'oreille grâce à sa forme de petite cuillère.

DENTIFRICE MINUTE EN POUDRE

Saviez-vous que chaque année dans le monde, 3 000 tonnes de tubes de dentifrice sont jetés à la poubelle ? Et malheureusement ces tubes en plastique et en aluminium ne se recyclent pas.

Saviez-vous également que les dentifrices contiennent souvent des substances nocives telles que des perturbateurs endocriniens ?

Je vous propose ce dentifrice naturel, sain et zéro déchet pour un brossage en douceur !

Dans un petit pot, mélangez l'argile blanche, le blanc de Meudon et l'huile essentielle de menthe verte.

Mouillez ensuite votre brosse à dents et saupoudrez dessus un peu de dentifrice en poudre.

ASTUCE POUR LES TOUT-PETITS !

Pour les femmes enceintes, les femmes allaitantes et les enfants de moins de 6 ans, remplacez l'huile essentielle par des fragrances (extraits aromatiques) de menthe, citron, pomme...

POUR UN DENTIFRICE EN PÂTE

Rien de plus simple ! Utilisez les mêmes ingrédients et ajoutez un peu d'eau additionnée de 5 gouttes de cosgard, un conservateur naturel, jusqu'à d'obtenir la texture voulue. Vous pourrez le conserver de 1 à 2 mois.

IL VOUS FAUT

1 cuil. à café de blanc de Meudon
Est un abrasif doux, nettoie

3 cuil. à café d'argile blanche
Est assainissante, anti-infectieuse, reminéralisante

5 gouttes d'huile essentielle de menthe verte
Pour une haleine fraîche

une cuillère

+ un petit pot de 50 ml
en verre de préférence

DÉODORANT FACILE

L'un de mes premiers petits gestes écologiques fut de réaliser mon déodorant ! En plus d'être zéro déchet, c'est un soin complètement naturel : transpirer est un processus naturel qui permet à notre corps de réguler sa température.
Il est important de ne pas bloquer la transpiration mais plutôt de supprimer les odeurs.

Les déodorants du commerce contiennent pour la plupart des parabènes qui sont des perturbateurs endocriniens. Fabriquer son déodorant maison est simple et très rapide !

Si l'huile de coco a figé, faites-la fondre au bain-marie.
Versez l'huile de coco et le bicarbonate de soude dans un pot (ou dans un tube), puis mélangez bien.

Laissez durcir quelques heures.

Le mélange prend alors la consistance d'une pâte que vous pourrez étaler sous vos aisselles à l'aide de votre index.

Ce déodorant se conserve 6 mois dans un endroit sec à l'abri de la lumière.

ASTUCE

Pour ce déodorant, il convient d'utiliser l'huile de coco et le bicarbonate de soude dans les mêmes proportions : vous pouvez donc varier facilement les quantités en fonction de la taille du contenant choisi.

BOOSTER D'EFFICACITÉ

Ajoutez 1 cuil. à soupe de cire pour solidifier le tout. Cela peut être utile en été pour que le mélange garde une bonne consistance malgré la chaleur.

IL VOUS FAUT

3 cuil. à soupe
d'huile de coco
Protège et adoucit

3 cuil. à soupe
de bicarbonate
de soude
Neutralise les odeurs

une cuillère

+

un pot en verre
ou un tube de déo
en stick vide et propre

SAVON SOLIDE MAISON

Voici une recette de savons solides : écologiques (zéro déchet), économiques et naturels.

La saponification à froid est la méthode la plus simple pour faire un savon doux. La recette est simple mais la manipulation des différents ingrédients doit se faire avec beaucoup de précautions (gants, masque et blouse de protection obligatoires) et avec des ustensiles résistants à la soude (verre ou inox).

Pour vos propres recettes, avant d'utiliser une huile ou un beurre en saponification à froid, vous devez connaître l'indice de saponification. C'est cette donnée qui permet de calculer la quantité de soude nécessaire. Vous trouverez des calculateurs de saponification sur Internet.

Enfilez gants, masque et blouse de protection. Pesez la soude caustique et réservez-la.

Faites fondre au bain-marie le beurre de karité et les huiles. Dans un mixeur, versez les huiles puis la soude caustique (attention, jamais l'inverse !). Mixez doucement. Lorsque le mélange commence à épaissir, ajoutez les colorants, les fragrances ou les huiles essentielles. Versez ensuite la pâte obtenue dans les moules. Recouvrez d'un torchon afin de conserver la chaleur, puis laissez durcir de 24 à 48 h.

Enfilez à nouveau les gants de protection et démoulez les savons. Placez-les durant 4 semaines dans un endroit sec (dans une boîte en métal, par exemple) pour permettre à la saponification de se terminer et aux savons de s'adoucir.

Vos savons se conservent 6 mois à l'abri de la lumière et de la chaleur et s'utilisent comme tout savon du commerce.

IL VOUS FAUT

75 g d'huile de coco
Protége et adoucit

40 g de beurre de karité
Nourrit et hydrate en profondeur

30 g d'huile de ricin
Répare et fait mousser

150 g de soude liquide
Transforme les huiles en savon

200 g d'huile d'olive
Hydrate

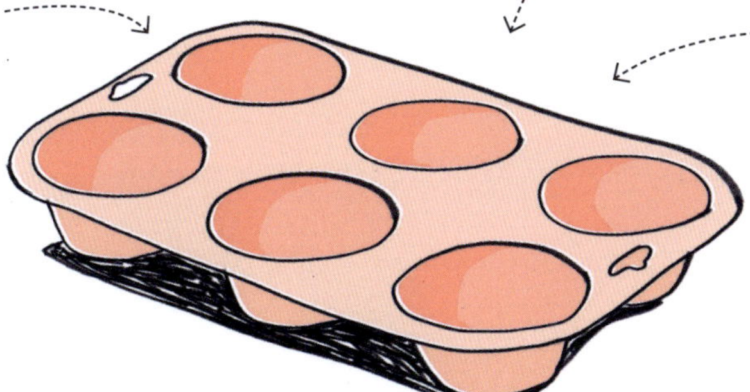

des colorants, fragrances ou huiles essentielles
(facultatif)

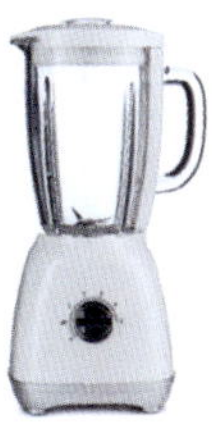

un mixeur

+

des gants, un masque et une blouse de protection

+

un bol

+

des moules
type moules à muffins

+

un torchon propre

+

une casserole

GEL ANTIBACTÉRIEN

Comme nous l'avons vu au début de l'épidémie de coronavirus, les gels antibactériens du commerce peuvent être amenés à être en rupture de stock. Mais pourquoi en acheter lorsqu'on peut en faire soi-même ?

Celui-ci ne desséchera pas votre peau grâce à l'aloe vera et il aura une odeur bien plus agréable !

Commencez par bien désinfecter tout le matériel que vous allez utiliser (voir p. 11).

Dans un bol, mélangez tous les ingrédients. Transférez ensuite le gel obtenu dans un flacon, à l'aide d'un entonnoir.

Inscrivez sur l'étiquette le nom du produit et la date de réalisation.

Ce gel se conserve 6 mois à l'abri de la lumière et de la chaleur.

Secouez le flacon avant toute utilisation, puis prélevez une petite quantité de gel et frictionnez-vous-en les mains.

IL VOUS FAUT

5 ml d'huile végétale
de jojoba ou de nigelle
Nourrit et protège

10 gouttes d'huile
essentielle de tea tree
Est antibactérienne
et antifongique

10 gouttes d'huile essentielle
de lavande aspic
Parfume et est antibactérienne

30 ml de gel d'aloe vera
(pour extraire le gel
soi-même, voir p. 23)
Hydrate et protège

15 ml d'alcool
à 70 °C
Désinfecte
et tue les bactéries

une cuillère
ou un fouet

+

un bol

+

un petit flacon
hermétique
ou un ancien flacon de
gel antibactérien propre

+

une étiquette

+

un entonnoir

LE MAQUILLAGE ET LA BEAUTÉ

ANTI-CERNES MINUTE DÉCONGESTIONNANT

Certains matins sont difficiles. On a les yeux gonflés et besoin d'un bon coup de fouet.

Amateurs de thé, cette recette est pour vous ! Après avoir fait infuser votre sachet de thé dans un grand bol pour vous réveiller, ne jetez pas le sachet ! Grâce aux antioxydants contenus dans le thé, celui-ci aura un pouvoir décongestionnant sur vos yeux !

Mettez les sachets de thé usagés 1 h au réfrigérateur.

Placez-les sur vos yeux et laissez poser 10 min.

Rincez ensuite à l'eau claire.

BOOSTER D'EFFICACITÉ

En prévention : le soir au coucher, trempez vos doigts dans de l'huile d'olive et massez délicatement le contour des yeux. Laissez agir toute la nuit.

IL VOUS FAUT

2 sachets de thé
usagés

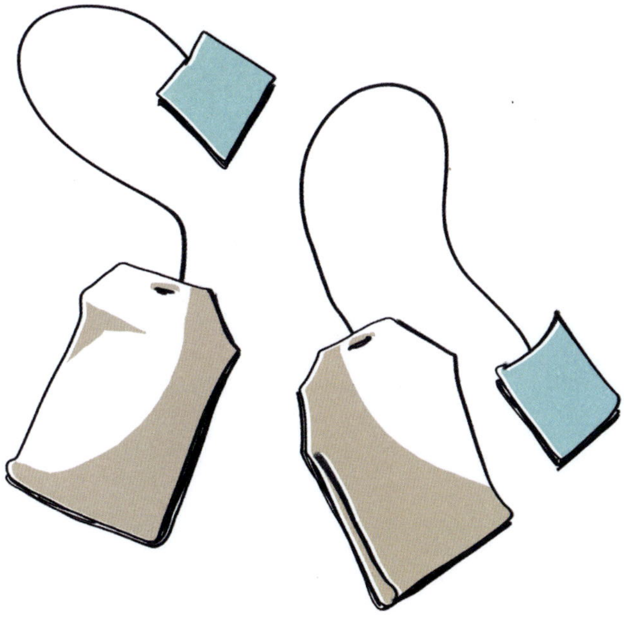

ANTI-CERNES MINUTE RÉGÉNÉRANT

Saviez-vous que le marc de café est un ingrédient magique pour prendre soin de soi naturellement ? En effet, si vous avez des cernes, les effets stimulants de la caféine réactiveront la circulation sanguine autour des yeux et ainsi les faire disparaître !

Dans un bol, mélangez le marc de café et le miel (ou l'huile végétale, le beurre ou le yaourt). Placez le mélange au frais pendant 1 h.

Appliquez sous les yeux, laissez agir 15 min, puis rincez.

ASTUCE EXPRESS

Placez 2 petites cuillères en inox au frigo pendant 1 h minimum.
Appliquez 5 min sur les yeux.
Le froid fait circuler le sang et diminue les cernes.

IL VOUS FAUT

1 cuil. à café de miel bio,
d'huile végétale,
de beurre
ou de yaourt
Assouplit et hydrate

1 cuil. à café de marc
de café
Active la microcirculation

un bol + une cuillère

BLUSH

Imaginez ! Fabriquer votre blush en 2 minutes chrono et adapter sa couleur à toutes vos envies. C'est possible ! Et qui plus est avec des produits doux, naturels et non testés sur les animaux.

Dans votre pot, mélangez l'arrow-root et le colorant minéral jusqu'à l'obtention de la couleur souhaitée.

Secouez bien pour que les deux poudres se mélangent. Voilà, c'est prêt !

Appliquez ce blush avec votre pinceau comme vous en avez l'habitude.

Cette poudre se conserve de 6 à 12 mois dans un endroit sec, à l'abri de la lumière.

? À SAVOIR

L'arrow-root, aussi appelé « marante », est une fécule de plante qui s'utilise en cuisine comme en cosmétique. Il est réputé pour ses propriétés matifiantes et lissantes. C'est l'ingrédient parfait pour donner un toucher doux à votre blush.

IL VOUS FAUT

plus ou moins 1 cuil. à soupe
de colorant minéral en poudre
pêche, ocre, abricot…,
ou de betterave en poudre

1 cuil. à soupe
de poudre d'arrow-root
Matifie et lisse

un pot de 50 ml

MASCARA

Ce n'est pas pour vous affoler, mais la composition des mascaras industriels peut faire peur. Est-ce que ces noms vous parlent : méthylparaben, poudre d'aluminium, ceteareth-20, polyvinylpyrrolidone ? Non ? Sachez qu'il s'agit de conservateurs et d'additifs dangereux pour notre santé.

Éco-responsable, facile à réaliser, économique et bon pour nos cils, le mascara maison est donc la meilleure alternative !

Faites fondre au bain-marie la cire végétale et l'huile végétale. Sortez le bol du bain-marie et ajoutez la vitamine E et le cosgard (ou l'extrait de pépins de pamplemousse).

Ajoutez ensuite le charbon et le gel d'aloe vera. Le gel peut produire quelques grumeaux, donc fouettez énergiquement pour rendre le mélange homogène.

Versez dans un tube de mascara à l'aide d'un entonnoir.

Ce mascara se conserve 3 mois à l'abri de la lumière.

ALTERNATIVE

Si vous n'avez ni charbon ni pigment minéral, vous pouvez carboniser des amandes au four ou au chalumeau (jusqu'à ce qu'elles deviennent noires) puis les écraser à l'aide d'un pilon afin d'obtenir une poudre noire très fine.

IL VOUS FAUT

1 cuil. à soupe d'huile végétale
de ricin, de coco,
de sésame ou de jojoba
(voir p. 15)
Nourrit

4 cuil. à soupe de gel
d'aloe vera
Hydrate (voir p. 23)

4 gouttes
de vitamine E
Est antioxydante

1/2 cuil. à soupe
de cire végétale
(riz, soja…)
Donne de la consistance

2 gouttes de cosgard
ou d'extrait de pépins
de pamplemousse
Pour la conservation

1 cuil. à soupe de charbon
en poudre ou d'un pigment
minéral noir
(ou d'une autre couleur
souhaitée)

un fouet +

un bol +

un tube
de mascara vide
et propre
(vous pouvez nettoyer
un ancien avec
du vinaigre blanc) +

un petit entonnoir +

une casserole

ROUGE À LÈVRES

Saviez-vous que chaque année 900 millions de tubes de rouge à lèvres sont vendus dans le monde ? Et ce n'est pas parce qu'ils sont petits que leur impact écologique l'est. En effet, outre leur emballage et leur packaging en plastique, leurs ingrédients sont dangereux pour la santé et l'environnement. Dérivés du pétrole, métaux lourds, parabènes, parfums de synthèse, paraffines… autant de composants qui perturbent nos hormones et nuisent à notre santé.

La meilleure alternative reste donc de réaliser son rouge à lèvres soi-même. Sain et écologique, il vous offrira en outre une grande liberté dans le choix des textures et des couleurs.

Faites fondre au bain-marie la cire, le beurre végétal et l'huile. Lorsque la cire et le beurre ont fondu, mélangez bien pour obtenir un liquide homogène. Hors du feu, ajoutez le colorant tout en continuant de mélanger.

Ajoutez ensuite la vitamine E et versez le mélange dans un pot ou un tube de rouge à lèvres vide.

Placez 15 min au frigo : votre rouge à lèvres est prêt à être utilisé !

Il se conserve jusqu'à 6 mois dans un endroit sec et à l'abri de la lumière.

ASTUCE BEAUTÉ

Après avoir appliqué votre rouge à lèvres, donnez un baiser à un glaçon sorti du congélateur. Le froid fixera les pigments et la couleur tiendra ainsi plus longtemps !

IL VOUS FAUT

1 cuil. à soupe
de beurre végétal
Nourrit et protège

1 cuil. à soupe
d'huile végétale
Assouplit

1 cuil. à soupe de colorant
minéral en poudre,
de colorant alimentaire
ou d'une épice en fonction
de la couleur souhaitée
(cannelle pour du marron,
paprika pour du rouge…)

1 cuil. à soupe
de cire végétale
Pour la texture

4 gouttes de vitamine E
Pour la conservation

une cuillère

+

un bol

+ un petit pot en verre
(type pot pour baume
à lèvres) ou un tube de rouge
à lèvres vide et propre

+

une casserole

PARFUM SOLIDE

La plupart des parfums sont composés de phtalates et de muscs synthétiques considérés comme perturbateurs endocriniens, allergènes voire cancérigènes.

Saviez-vous qu'il existe des parfums solides plus respectueux de la nature et de notre santé ? Faciles à transporter dans leur packaging en carton, ils ne contiennent que des ingrédients naturels, sans alcool ni produits chimiques.

Pourquoi ne pas créer votre parfum idéal ?

Faites fondre au bain-marie la cire végétale et le beurre végétal.

Lorsque le mélange a fondu, retirez le bol du bain-marie et laissez refroidir quelques minutes. Avant que votre parfum ne se fige, ajoutez les fragrances ou les huiles essentielles, puis versez dans votre contenant.

Laissez ensuite le parfum se solidifier au frais pendant 2 h.

Appliquez le parfum comme un baume, dans le creux du poignet, derrière les oreilles ou là où vous en avez envie. Non seulement il sent bon mais en plus il est hydratant !

ALTERNATIVE

Vous pouvez vous parfumer agréablement en appliquant simplement une huile végétale odorante, comme l'huile de pépins de framboise ou l'huile de jasmin.

IL VOUS FAUT

10 ml de beurre végétal
(karité, coco)
Hydrate

15 ml de cire végétale
de soja, de riz, ou cire d'abeille…
Fait épaissir et durcir

10 gouttes d'huiles essentielles (voir p. 17) ou de fragrances naturelles au choix
Pour parfumer

un bol

+

un petit contenant
en métal ou en verre
ou un tube de rouge
à lèvres vide

+

une casserole

MASCULIN/
FÉMININ

L'IMPACT ÉCOLOGIQUE DE NOTRE INTIMITÉ

LES PROTECTIONS POUR LES RÈGLES

Saviez-vous que certains matériaux utilisés dans les tampons et serviettes hygiéniques (notamment pour absorber les flux) étaient dangereux pour la santé ?
Ils contiennent en effet des perturbateurs endocriniens, qui favorisent problèmes de santé et maladies comme les cancers et impactent la fertilité. En outre, ils ont des répercussions colossales sur l'environnement – dont la vie aquatique !
Généralement blanchis au chlore, ils peuvent être toxiques et très longs à se dégrader.

ALTERNATIVES

➡ Achetez ou cousez vous-même des serviettes hygiéniques lavables. Agréables à porter, on les sent à peine : elles se clipsent à la culotte avec un bouton-pression. Elles doivent être changées à la même fréquence que les autres protections.
➡ Passez à la coupe menstruelle (ou cup) : cette petite coupe en silicone s'adapte à toutes ; elle se place à l'intérieur du vagin pour récupérer le flux. Il suffit de la vider et de bien la nettoyer pour la réutiliser aussitôt.
➡ Optez sinon pour la culotte menstruelle, lavable. Grâce à ses trois couches (antibactérienne, anti-odeurs et anti-humidité), elle vous protégera quels que soient vos flux. Elle est confortable et économique. Il faut néanmoins en acheter plusieurs.

POUR TOUS

➡ Choisissez si possible des préservatifs en latex naturel bio.
➡ Remplacez les lubrifiants à base de silicones par de l'huile de coco ou du gel d'aloe vera.
➡ Abandonnez les rasoirs jetables pour des rasoirs de sûreté en acier, durables et incassables. Il suffit de changer les lames (recyclables, elles aussi) tous les 6 mois environ.

CIRE À ÉPILER AU SUCRE

Pour éviter les désagréments du rasage (repousse rapide, poils drus ou incarnés…), l'épilation semble préférable. Mais entre le prix d'une séance en institut ou les déchets générés par une épilation avec des bandes de cire froide jetables, vous ne savez pas trop quoi choisir ? Le plus simple, écologique et sain, c'est de faire votre cire vous-même !

Dans une casserole, faites fondre à feu doux le sucre avec l'eau jusqu'à ce que tous les cristaux de sucre soient bien dissous.

Ajoutez ensuite le miel et le citron et laissez le mélange caraméliser. Retirez du feu lorsqu'il devient doré (attention à ne pas le laisser trop longtemps : s'il brunit, la cire ne sera pas efficace). Laissez refroidir un peu.

Lorsque la cire est tiède, appliquez sur la peau à l'aide de la spatule dans le sens de la pousse du poil. Placez une bande de tissu par dessus, appuyez bien pour que la cire adhère, puis retirez d'un coup sec dans le sens inverse de la pousse du poil.

Lavez les bandes après utilisation (vous n'aurez aucun problème puisqu'il s'agit uniquement de sucre). Cette cire se conserve quelques jours au réfrigérateur.

BOOSTER D'EFFICACITÉ

Avant l'épilation, appliquez un peu de farine sur les zones à épiler pour absorber la transpiration : la cire accrochera plus facilement les poils.

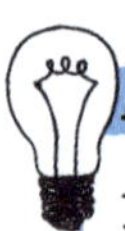

ASTUCE DOUCEUR

Après épilation, hydratez la peau avec votre crème hydratante maison (p. 94) ou un mélange d'huile végétale réparatrice et apaisante (amande douce, argan ou jojoba) et de gel d'aloe vera (p. 23).

IL VOUS FAUT

1 cuil. à soupe
de miel bio
Hydrate et cicatrise

2 cuil. à soupe
de jus de citron bio
Nettoie et prévient
l'apparition de poils
incarnés

4 cuil. à soupe
de sucre
Plus il est fin
plus la recette sera rapide

1 cuil. à soupe
d'eau

une spatule
ou un bâtonnet
de glace

+

une casserole

+

des bandes de tissu
de 15 x 5 cm
ou plus petites
selon les zones à épiler

CRÈME À RASER

Pour un rasage éco-responsable pour hommes et femmes, il suffit de faire mousser du savon de Marseille pour obtenir une mousse naturelle et hypoallergénique.

Mais si vous souhaitez une crème à raser complète qui mousse, apaise et limite les irritations en même temps, cette recette est faite pour vous !

Faites fondre au bain-marie le savon de Marseille dans les 100 ml d'eau. Lorsque le savon est complètement dissous, laissez le liquide refroidir.

Ajoutez ensuite l'huile végétale en mélangeant énergiquement à l'aide d'une cuillère.

Incorporez l'huile essentielle puis versez la crème obtenue dans un pot hermétique propre.

Utilisation : prélevez une petite quantité de crème et frictionnez les mains pour faire mousser. Appliquez à la main sur les zones à raser. Procédez au rasage. Après le rasage, rincez à l'eau claire.

Cette crème à raser se conserve 1 mois à l'abri de la lumière et de la chaleur.

ALTERNATIVE EXPRESS

Pour le rasage de la barbe, un rasoir de sûreté, un blaireau et un savon de Marseille peuvent suffire !

IL VOUS FAUT

2 cuil. à soupe d'huile végétale
d'amande douce ou autre
(voir p. 15)
Nourrit et évite les irritations

5 gouttes d'huile essentielle de lavande aspic ou de tea tree
Cicatrise et lutte contre les bactéries

60 g de savon de Marseille liquide,
en paillettes ou à râper
Nettoie et fait mousser

100 ml d'eau

une cuillère +

un bol +

un pot hermétique de 50 ml +

une casserole

GEL INTIME MAISON

Il y a des moments où notre zone intime a besoin de soins plus spécifiques : démangeaisons, mycoses, irritations... Pour l'apaiser tout en respectant son équilibre spécifique, vous pouvez fabriquer vous-même votre gel intime lavant.
Il nettoie tout en douceur, sans agresser !

Dans un bol, versez la base lavante neutre et l'hydrolat tout en mélangeant à l'aide d'une cuillère. Ajoutez le cosgard.

Mélangez à nouveau, puis versez le liquide dans un flacon propre à l'aide d'un entonnoir.

ASTUCE DOUCEUR

Il est important de choisir également des protections hygiéniques naturelles (voir p. 133).

Utilisez ce gel comme un savon intime classique ou occasionnellement lors de désagréments.

Ce gel se conserve 6 mois à l'abri de la chaleur.

ATTENTION !

En cas de problème persistant, je vous invite à arrêter tout savon ou nettoyant susceptible d'être agressif et à consulter un gynécologue.

IL VOUS FAUT

20 ml d'hydrolat de sauge scarlée ou de lavande
Apaise et évite les démangeaisons

10 gouttes de cosgard
Pour la conservation

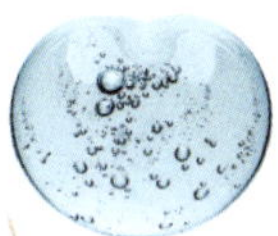

30 ml de base lavante neutre bio

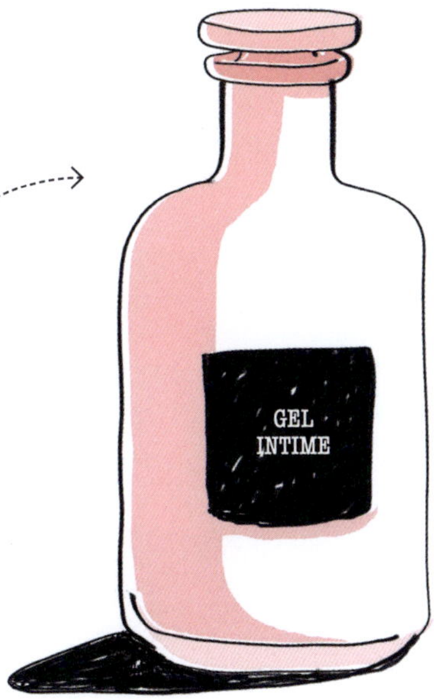

une cuillère

+

un bol

+

un flacon propre désinfecté de 50 ml

+

un entonnoir

SITES ET MARQUES DE CONFIANCE

Voici une liste non exhaustive des sites et des marques auxquelles je fais confiance pour commencer ou poursuivre la transition vers un mode de vie plus responsable et plus écologique.

La plupart des ingrédients dont vous aurez besoin pour réaliser mes recettes se trouvent en magasins bio ou dans des boutiques de cosmétiques naturels. Si vous ne les trouvez pas, voici des sites Internet où les commander en ligne :

- Joliessence.com
- Aroma-zone.com
- Slow-cosmetique.com
- Compagnie-des-sens.fr

Je tiens également à vous conseiller ces marques françaises engagées dans la transition vers un quotidien zéro déchet :

- Bioseptyl : brosses à dents éco-responsables et recyclables
- Dans ma culotte : serviettes hygiéniques lavables
- So' Cup : culottes mentruelles et coupe menstruelle
- Sloe Nature : cure-oreilles durable (Oriclean)
- Mana Mani : cotons démaquillants et accessoires zéro déchet.

REMERCIEMENTS

J'espère que ces recettes vous ont plu et qu'elles vous accompagneront au quotidien. J'ai eu à cœur de tester, de me tromper, de recommencer et de partager avec vous ces alternatives naturelles.
Je me suis toujours considérée comme une écolo imparfaite mais qui agit et je vous souhaite de suivre le même chemin. Il n'est jamais trop tard. « Commencez par changer en vous ce que vous voulez changer autour de vous », disait Gandhi.

Je tiens à remercier très chaleureusement Aurélie Starckmann, Véronique Galland et les éditions Albin Michel pour leur confiance et la merveilleuse opportunité qu'elles m'ont donnée à travers ce livre, ainsi que Maud Villeret pour sa précieuse collaboration.

Un très grand merci également à mon conjoint, à ma famille, à mes amis et mes collègues de travail qui ont toujours été d'un très grand soutien. Merci de m'avoir accompagnée depuis le début de l'aventure Les Petits Gestes, de supporter mes expériences au quotidien et d'avoir accepté de changer votre mode de vie avec moi.

Enfin, merci à la communauté Instagram Les Petits Gestes qui, depuis 2018, ne cesse de s'agrandir. Merci pour votre bienveillance, pour les précieux échanges que nous avons tous les jours et pour votre progression vers un monde plus juste et plus responsable.

TABLE DES MATIÈRES

AVANT DE COMMENCER ... 6
Pourquoi changer ses habitudes ? ... 8
Comment se lancer ? ... 9
Zéro toxique dans mes cosmétiques ! ... 10
Les recettes ... 11

LES PRODUITS DE BASE ... 12
Les huiles végétales ... 14
Les huiles essentielles ... 16
Les poudres de plantes ... 18
Les hydrolats ... 20
L'argile ... 21
L'aloe vera ... 22

LE VISAGE ... 24
Cotons à démaquiller lavables ... 28
Gommage minute ... 30
Masque minute pour peau acnéique ... 32
Masque minute pour resserrer les pores ... 34
Masque minute pour peau grasse ... 36
Masque minute pour peau sèche ... 38
Masque minute pour peau mature ... 40
Huile bonne mine ... 42
Démaquillant ... 44
Baume à lèvres ... 46
Soin pour les cils et les sourcils ... 48
Gel rafraîchissant après-soleil ... 50

LES CHEVEUX ... 52
Shampoing ayurvédique ... 56
Shampoing solide ... 58
Shampoing liquide ... 62
Shampoing pour enfants ... 64
Shampoing sec ... 66

Après-shampoing naturel ... 68
Soin capillaire à l'huile végétale ... 70
Soin équilibrant pour cheveux gras ... 72
Soin pour cheveux secs ... 74
Soin capillaire réparateur ... 76
Soin capillaire anti-chute ... 78
Soin antipelliculaire ... 80
Gel fixant à l'aloe vera ... 82
Lotion anti-poux ... 84

LE CORPS ... 86
Gommage corps dynamisant ... 88
Gommage corps hydratant ... 90
Gommage corps pour peaux sensibles ... 92
Crème hydratante ... 94
Huile sublime ... 96
Spray anti-moustiques ... 98
Crème pour les mains ... 100
Soin pour les ongles ... 102

L'HYGIÈNE ... 104
Dentifrice minute en poudre ... 108
Déodorant facile ... 110
Savon solide maison ... 112
Gel antibactérien ... 114

LE MAQUILLAGE ET LA BEAUTÉ ... 116
Anti-cernes minute décongestionnant ... 118
Anti-cernes minute régénérant ... 120
Blush ... 122
Mascara ... 124
Rouge à lèvres ... 126
Parfum solide ... 128

MASCULIN/FÉMININ ... 130
Cire à épiler au sucre ... 134
Crème à raser ... 136
Gel intime maison ... 138

SITES ET MARQUES DE CONFIANCE ... 140

Livre éco-conçu
Le papier choisi pour ce livre est issu de forêts gérées durablement et certifié.
En outre, soucieux de préserver l'environnement pour les générations futures, l'imprimeur se fournit en énergie issue uniquement de sources renouvelables, et il a obtenu les certifications PEFC, PFSC et Ecolabel. Cette préoccupation s' inscrit au cœur même de ses activités.

100% Renewable Energy Resources, the ones that won't run out

PEFC
PEFC/18-32-03
Certifié PEFC
Ce produit est issu de forêts gérées durablement et de sources contrôlées
www.pefc-france.org

Ouvrage publié sous la direction d'Aurélie Starckmann

Réalisation éditoriale : Véronique Galland
Éditing : Maud Villeret
Relecture et corrections : Catherine Jardin
Conception graphique et mise en pages : Claire Morel Fatio
Illustrations : Claire Morel Fatio
Photographies : ©Shutterstock

Éditions Albin Michel
22, rue Huyghens, 75014 Paris
www.albin-michel.fr

ISBN : 978-2-226-45957-2
N° d'édition : 24368/1
Dépôt légal : mars 2021
Imprimé en Italie par Elcograf.